遊 戲 治 療
－國小輔導實務

何 長 珠 著

彰化師大輔導與諮商學系教授

五南圖書出版公司 印行

再版感言

　　在第三版的出版前夕，除了欣見遊戲治療已逐漸成為台灣兒童輔導工作中的顯學之外（截至民國 91 年為止，已有相關中文譯作十幾本以上）；也明顯感受到社會大眾、學校工作和家庭對兒童心理輔導工作日增的了解和接納。這對下一代的心理服務來說，當然是一件值得額手稱慶的事！作者除了更加努力的為這個專業提供教學、研究、出版和推廣的服務之外；也希望制度化的證照（遊戲治療師）與更具資格的學位提供（如專攻本範疇之碩博學位之提供），能早日（五年內）在大家的推動與努力下，開花結果。那麼，不僅個人的「人生大夢」完成了一部分；更重要的是：未來主人翁的心理衛生，也得到更大的保障！！而成為一個心理健康的人，是多麼幸福的一件事啊！邀請您一起來努力罷！！

何長珠

前　言

　　遊戲治療（play therapy），顧名思義基本上是以「遊戲」爲媒介，來協助兒童解決其心理困擾的一種諮商輔導形式。由於其主體是「遊戲」（娃娃屋、布偶、繪圖、積木、沙等），對象是兒童，主要年齡階層爲 4－10 歲各種程度之情緒困擾，因此其性質與國小之輔導工作實密切相關。可惜的是在目前國內的國小輔導實務中，仍未占有一席之地（如國小的輔導室鮮有玩具的設備；各師院尚未普遍開設此類課程等），更遑論其實施了。筆者有鑑於此，深感推動、催化此事之必要，因此決定寫作本書，以期喚起有司之共識。

　　在內容部分，全篇共分十個部分，計包括：遊戲治療的定義與對象；遊戲治療的內容；遊戲治療的歷史與發展；遊戲治療的治療性效果；遊戲治療的理論與技巧；遊戲治療的階段特徵與治療任務；遊戲治療室的設備與玩具；遊戲治療的媒體──沙箱治療；遊戲治療之過程督導以及遊戲治療在國小之實施。其中前八個部分可視爲是理論篇；後兩個部分則可視爲是實務篇。藉著理論與實務、表格及照片的配合介紹，希望能給讀者一個較完整的瞭解。最後附錄部分，則列出一些量表與書目，以協助更進一步的追求者之參考。

　　本書的完成要感謝諸多的好緣：像教育部訓委會的經費補助；彰化教育局陳淑美專員的行政牽成；南郭國小的場地提供；邱麗娃、李淑敏、梁嘉茜、林蕙英及歐慧敏等老師的過程督導之文字整理；另外還有孫尤利的協助處理表格及周英志的全程錄影服務；最後則是各校所處理的幾位兒童個案之投入。藉著以上種種因緣，**大家好好地經歷了一場「遊戲」，同時也成就了「治療」！**

前言

壹

遊戲治療的定義與對象

一、遊戲治療之定義

㈠遊　戲

「遊戲」是一種自發的、有趣的玩耍過程。它不只是打發時間、洩精力或促進生理動作之協調而已；它同時還具有主動探索、發表受、學習社會性及引發互動的特質。

H. Hellendroom 和 Mostert（1979）即曾將遊戲分類為十種內，計包括：

1. 材料之選擇（隨意放，是否給予任何建議）。
2. 材料之意義（如說出名稱、用途）。
3. 材料之安排（桌、椅放在一起）。
4. 功能性之動作（魚會游嗎？）。
5. 感官性的覺察（如重、溫暖、聞……）。
6. 創造想像的情境（如塔從雲中穿過……）。
7. 想像性的遊戲事件(瀑布吞沒了印第安人的小舟)。
8. 表達想像的情緒（兔子看見獅子出來，好害怕）。
9. 評估遊戲的人、事（獅子很危險哦、他在威脅……）。
10. 解釋的內容（要求說出其想像的故事）。

外，邱志鵬（民81）亦列出八種特性，像：

1. 熟悉四周之物理環境。
2. 鍛鍊身體肌肉。
3. 熟練各種感官─動作的協調。
4. 發洩體力或打發時間。

5.概念之學習。

6.習得解決問題之新方法。

7.紓解挫折情緒和滿足心理需求。

8.學得與人相處之技巧和增進經驗。

由這八種特性中，可發現遊戲的確具有多方面的功能，如生理的、智能的、社會的及心理的等。只不過就遊戲治療的觀點而言，後兩種才既是遊戲的目的，也是遊戲的意義。這乃是因為遊戲的主要使用者──兒童，多半處於語言發展尚未精熟之階段，因而當其遭遇心理或情緒壓力時，傳統的語言式溝通，往往無法奏效。更有進者，由於「遊戲是兒童的語言，玩具是兒童的詞句」（劉焜輝，民81），遊戲或玩具本身，對兒童而言，便自然而然具有紓解焦慮、引發興味的功能。最後，由於遊戲是模仿生活中的真實過程，兒童於遊戲之情境中，因而得以自然演出與困擾有關的行為、經驗、需求、感受。

仁治　療

治療的意義有二：一是放鬆受壓抑的情緒，以解除焦慮、緊張、憤怒、害怕、攻擊等負面之情感經驗。此一歷程，依心理分析學派觀點，稱之為「宣洩」（catharsis），其假設為當個人處於壓力狀態時，會自然因應緊張，而伴隨著有關的解釋和情緒。此時，如能有適當的宣洩（不論其形式為體能消耗、藝術創作或冥想靜坐），即可協助當事人疏導壓力，而回歸至較為平和之狀態。二是在此一恢復平衡的過程中，原先處理問題的模式重新得到思考與整理，因而產生新的學習結果。

這種結果，不但可以使原先的困難表徵消減（如攻擊、上課…

心、人際退縮或甚至出現退化行為等），並進而促使當事人的自我概念重新恢復到「好」的狀態。惟這第二部分（自我概念增強）的達成，通常要藉著訓練有素的工作者（即治療者或治療師）之介入與催化，才更容易奏效。這主要是因為人格之「轉化」（transformation）（即前述由有問題狀態，轉至平衡狀態，以便使自我概念由有困難之狀態，轉至得到增強之狀態），主要在潛意識的感受狀態中進行。基本上這還是一場「假借」（意指經由與健康、正常的治療者人格之接觸，而產生個人「關係」部分之質變）的過程，故外在（界）有效人格之引渡，仍屬必要條件（關於此一概念的進一步闡釋，將於下節中再為說明）。

因此，「遊戲治療之本質」可說乃在「結合遊戲之形式以達治療目標的一種心理服務之工作」。於此，特列出三種主要諮商學派之觀點及國內三位學者之綜合性定義，以供參考。

二、三種主要諮商學派之觀點

㈠精神分析學派之立場

在精神分析學派中，弗洛依德（Freud）及其女兒安娜‧弗洛依德（Anna Freud）基本上視遊戲為引發治療之先導或媒介，故真正的重點還是放在治療者的解說與工作上。而對其另一支（倫敦學派）的 Melanie Klein 而言，則較承認遊戲本身在意識洞察上之效用，故強調協助兒童將其潛意識意識化之過程，認為如此便可達到治療之效果。

(二)兒童中心學派之立場

兒童中心學派（包括早期的關係治療）強調「兒童是自己的治療者」之立場。因此治療者要做的，只是「跟隨」和「瞭解」。此即「反映式同理」技巧的主要依據，也是 Alxine、Landreth 等工作者的主要信念。據此，遊戲的本身即具有且會產生治療之效果。

(三)策略或折衷學派之立場

此為 Kissel（1990）之觀點，他綜合了心理分析、兒童中心與認知學派，建議依治療階段之特徵，來設計因應之重點（如初期之關係建立、工作階段之解說及正向觀念之增強）。由於其兼納百家之立場（如容格的個體化歷程、家族諮商的系統動力觀點、阿德勒的積極自我概念），因而為作者本人最感認同，目前國內已譯有本書（王南，民 89）。

三、國內三位學者之看法

梁培勇（民 84）綜合各家的說法，認為遊戲是：

1. 形式上不嚴肅、有樂趣的（Beach, 1945; Plant, 1979）。

2. 非強迫性的、自發的（Berlyne, 1960; Plant, 1979）。

3. 無宣告性的學習目的（Hunt, 1970; Weisler and McCall, 1976）。

4. 無時間上的覺察感、全神貫注的（Csikszentmihalyi, 1975, 1976）。

5. 無輸贏負擔。

6. 過程中讓遊戲者充滿了主宰感(mastery feeling)。

　　劉焜輝（民83）對遊戲治療的定義則為：「來談者與治療者之
間，以遊戲為媒介而展開的、特殊的心理互動交流，以解決來談者人
格與行為上的問題，期能促進以個人人格的發展為目的的實踐性助人
活動。」

　　何長珠對兒童遊戲治療的定義是（民84）：受過遊戲治療相關
課程訓練的治療者，在遊戲室的環境中，藉提供一種安全、信任、容
許和責任的態度，與兒童（4－12歲）發展出一種正向的關係。並
（主要）藉由兒童自由選擇的玩具和扮演活動中，達到治療上的宣洩
（攻擊、憤怒、害怕）、支持和重整的結果。

　　最後要補充澄清的兩點是：

　　(1)遊戲治療（play therapy）與治療遊戲（therapeutic play）之
不同。此二者之間的相同之處是其重點均在達成與治療有關之目標，
如放鬆及減低行為紛擾等。但不同之處則在前者（遊戲治療）的範圍
較後者（治療遊戲）更為廣泛。或者更精確地說，後者應是包括在前
者之中的。舉例來說，玩沙包是一種遊戲，在遊戲中，當事人如果有
攻擊的需要，他（她）可以用更強烈的方式來進行，從而得到發洩壓
力、恢復平衡之功能。另一方面，如果治療者發現當事人有強烈的攻
擊性，但遊戲室中並沒有適當的體力發洩之玩具，則治療者可以有意
添購此類玩具來催化治療之達成。於此，前者屬遊戲治療之範圍，
而後者則屬於治療遊戲之內容。

　　(2)遊戲治療之對象，雖然主要是兒童，但實際上，幾乎任何年齡
當事人，均可自遊戲的過程中，得到發抒壓力、成長情緒之功效。
因此，遊戲治療的定義，本質上是廣義的，可包括兒童以外之對象
（如成人）。此點在後文中將再加以說明。

四、遊戲治療之對象

遊戲治療之對象當然主要是兒童。但兒童年齡的定義、問題類[　]及智力與心理病理上之特徵，是否亦應一併討論，才稱允當？

劉焜輝（民 81）統整 Hermine Hug – Hellmuth（1921）、R[　]gers（1942）、Dogman（1951）、Slavson（1951）及 Let[　]（1956）等研究者之不同意見，而建議遊戲治療的適當年齡為約在[　]– 13 歲之間；不過主要的考慮因素仍是智力（發展階段）。如智[　]較高之兒童其適用上限與下限均有提前之趨勢（如 3 – 11 歲），[　]智力有明顯困難之孩子，則上、下限亦應因此有所調整（如 5 –[　]歲）。要注意的是：這些說法大多是經驗性之推論，而較缺少實驗[　]之證據。少數的研究有 Lebo（1956）比較 4、6、8、10、12 歲的[　]常適當兒童各 4 名，共 20 名（男女同數），以非指導式的遊戲治[　]法來觀察其在玩具選擇上有何不同。此處的玩具包括兩大類：即一[　]性玩具，如繪畫材料、洋娃娃屋等，及推薦性之玩具，如布偶、[　]瓶、電話、家具、車、船、飛機、掃把、曬衣繩、釘錘及軟木塞板[　]油漆等。其研究的主要發現是：

1.年齡較大之兒童（如 11 歲以上者），對推薦性玩具（即一[　]公認的玩具）的遊戲興趣有明顯降低之趨向，因此就影響到遊戲[　]療之效果。

2. 不使用玩具之遊戲（如棋戲）的語言表現率，在 8 歲以後[　]則沒有什麼明顯的改變。

在智力部分，就國外有限的研究發現（Alxine, 1949; 森協要[　]1959，見劉焜輝，民 81），一般而言，**智商愈高，治療的效果**[　]

好，而智商不足之對象（其定義為「因先天性或出生後早期所受到之腦傷，導致智力永遠停留在正常以下之狀態者」），**其接受遊戲治療後之改變主要在情緒適應部分**，而不是智力上的增長（Mehlmen, 1953; Subotrick & Callahan, 1959）。

五、兒童問題之類型

兒童的問題行為，姑且不論是內因（遺傳造成之特質）為主，抑外因（家庭環境）導致，基本上是一種因果循環的關係。

依葉貞屏等譯（Thompson 和 Rudolph 著）的《兒童諮商理論與技術》一書之資料，其中問題兒童之類型與行為，經本書作者整理而成為表一的「問題兒童之行為檢核表」。而在同書的第 17 章（pp. 507–641）中，葉貞屏等更進而將兒童本身的衝突，分為成因及對策兩部分來詳加說明。此一部分亦經本書作者處理而成表二。

表一　問題兒童之行為檢核表

問題類型		問題行為	定義	說明
一、兒童與他人的衝突	1	口語攻擊	說話粗魯，說話帶有諷刺，說話無禮以及給人取綽號，以肢體語言處理與他人之間的誤會	
	2	打架	以肢體語言處理與他人之間的誤會	
	3	身體的虐待	身體的虐待，欺負弱小	
	4	冷酷成辟	冷酷地對待同儕，動物以及其他人	
	5	破壞性行為	破壞性行為與野蠻行為	
	6	易怒	發脾氣	
	7	對慢性痼疾的抱怨	習慣性抱怨自己的生病與病症狀	
	8	饒舌、搬弄是非	說別人閒話	
	9	發誓	發誓行為	
	10	說謊	說謊	
	11	捉弄他人	嘲笑他人	
	12	不服從、反抗辟性與抗拒的行為	對權威者公然表示生氣與對立	

問題類型		問題行為	定義	說明
二、兒童本身的衝突	1	貧乏的自我概念	認為自己沒有價值、愚蠢，不被人愛、應該被罰	
	2	自我毀滅或自殺行為	自我毀滅或自殺行為	
	3	作弊	考試作弊	
	4	曠課逃學	沒有正當的理由，學生在學校故意缺席	
	5	對於工作與事物漫不經心	對於工作與事物漫不經心	
	6	低成就	兒童的能力與實際成就之間的差異	
	7	作白日夢	作白日夢	
	8	害羞與退縮	個人逃避參與環境事物的傾向	
	9	過度緊張與焦慮	不斷的夫眠或睡眠難眠、咬指甲、習慣性局部痙攣、經常性的眨眼、急促的呼吸、重複地清喉嚨以及類似身體上有不舒服的抱怨等	
	10	注意力分散、短暫的注意力	注意力分散、短暫的注意力	
	11	不成熟與依賴行為	不成熟與依賴行為	
	12	完美論者的行為	把作業或工作做得很好，常是「超高成就者」	
	13	懼學症	害怕上學	

（Thompson 和 Rudolph 著，葉貞屏 等譯，民 84，心理；何長珠整理）

表二　兒童本身的衝突與對策

類型	成因／現象	對策	說明
1. 自殺或自毀行為（撞頭、拉髮）	因失落或創傷所造成之沮喪、無望、無價值感、罪惡感。	1. 注意特殊訊息；2. 增加支持網路（打電話）；3. 開放式討論；4. 瞭解計畫細節；5. 小心忽然間的好轉現象。	
2. 不良的自我概念	通常是成人灌輸造成的	1. 提供成功的機會；2. 優點轟炸（同儕）；3. 助人之機會；4. 示範；5. 改負為正的時間（每天10'）；6.「不能」到「的試看」的內在改變；7. 瞭解家庭星座；8. 放鬆及感受之表達；9. 增強。	
3. 作業	外界壓力	1. 公開討論（教導）；2. 情境扮演；3. 改良考試之方式、評分；4. 避免控訴；5. 分擔結果（朋友間）。	
4. 曠課逃學	老師、家庭、同學、自己	1. 確定動機；2. 瞭解課程及成績因素；3. 檢視家庭因素；4. 與學生立約；5. 同儕輔導；6. 增強內在需要。	

（續上表）

類型	成因／現象	對策	說明
5. 對工作漫不經心	家庭與個性的影響較大（健忘、丟東西）	1.確定狀況、嚴重程度及改善目標；2.「重做」及自然懲罰原則；3.系統性的增強；4.小小功的開始。	
6. 低成就	可能具有尋求信任、讚同、依賴之人格。現實治療（接受責任）及阿德勒學派（接受行動的結果）是可行之策	1.確定成因；2.小小功的開始；3.找出兒童的興趣以為增強物；4.競爭之設計。	
7. 作白日夢		1.找出可能的成因（暫時的、習慣的、長期的）；2.間歇性提醒（眼神、距離、手勢、叫名字）。	
8. 害羞與退縮		1.避免嘲笑或幽默；2.找出其特長（興趣）；3.重新安排工作內容項目，找出不同問題兒童適任之角色，以製造發表及增強之機會；4.安排適合之楷模。	

（續上表）

類型	成因／現象	對策	說明
9. 過度緊張與焦慮	失眠、咬指甲、習慣性疼痛、清喉嚨、抱怨身體之不適	1.溫暖、接納的立場；2.教導放鬆之練習；3.降低標準；4.同儕學伴；5.「認知重建」。	
10. 注意力分散		1.觀摩、記錄其成因及內容；2.以短時間任務之方式來改善之；3.鼓勵當事人建立自我監控系統。	
11. 懼學症		1.行為契約法、逐步減縮陪伴時間，同時，予以獎狀；2.做學習困擾之診斷；3.檢查父母本人的立場與影響。	

（Thompson 和 Rudolph 著，葉貞屏等譯，民 84，心理；何長珠整理）

貳

遊戲治療的內容

一、遊戲治療的媒體

遊戲治療往往借助於各式各樣的媒體來進行，而這些媒體一般來說可分成如下幾大類：

㈠布偶類

主要是指布類的填塞玩偶，通常是動物造形。要注意的是最好尺寸大小不一（Jenning, 1993）且小尺寸的布偶（兒童可以很容易用一手抓住的）最好多準備數個（3-7 個不等），並且不要全部是新的，但也不要看起來太陳舊。布偶類的功能很多，它可以當椅子、靠墊，可以當家人或敵人，也可以當成箭靶來丟擲。

㈡娃娃屋

娃娃屋的主要組成有：手掌大小約 30 公分高的洋娃娃及其家族若干人（這部分最好是塑膠製品，手腳可拆卸水洗的 ）、大小不等的娃娃屋幾個（市面上以半剖開切面、二層樓的設計居多，可包括客廳、廚房、臥室等房間的布置及活動）以及相稱尺寸的家具（沙發、電視、落地燈）若干。

另一組材料是烹飪設備，可包括爐台、鍋鏟、盤碗以及各式各樣的食物材料（塑膠製品 ）。

㈢繪畫類

繪畫類的主要材料是彩色筆及 A4 或 B4 大小之紙張，這主要是就現實上的考慮。另外建議要準備的是貼在牆上的壁報紙數張、白

板（120cm×60cm 左右）及各色白板筆。如果經費許可，宜增添
筆、粉彩筆、漆畫、廣告畫及相應材料（如雲紋紙）。於此，一個
有剪刀、色紙、膠水、釘書針、鉛筆的小型工具箱，亦屬必要。當
最理想的，則可準備「指畫」環境（換洗衣服或塑膠布外套及可清
的地板）。一般來說，這部分的空間，約需一坪到一坪半，可利用
戲室的一個角落來設置。

㈣積　木

積木最理想的情況，是接近眞實尺寸的木製或塑膠製材料（大
塊、城堡）。但這在現實情況下，殊難達成。故較實際之作法是準
200 塊至 500 塊左右的組成木塊或塑膠組件，並儘量配置適合尺寸
人物（如警察、救火員、摩托車、汽車等）來協助故事情境的完成
實施積木遊戲治療時，最須配合的是空間的大小。一般說來，三坪
右，再配備一些大小紙箱或玩具櫃，以形成可分割或合併的空間是
理想的。

㈤水與黏土

雖然二者均爲理想的放鬆媒介，但在現實情況中，黏土可能是
水更爲便捷、實用的一種媒體。因此如果二者不能得兼時，至少考
配備黏土之設置。

黏土通常可分彩色的化學黏土和水揉的黏（泥）土兩種，後者
較前者爲理想，但也較難清理。因此當使用後者時，遊戲室的一角
門外，最好有水龍頭清洗的裝置。相關的設備包括一個高度適合的
作桌椅（此桌亦可用爲玩繪畫、娃娃屋等之用途）、幾塊砧板、切
工具及配合使用的玩具盤碗。洗手的水桶、肥皂、毛巾、拖把等亦

準備。

玩水最理想的情境是在洗澡時或穿泳衣坐在浴缸中，因為這時不須擔心衣服弄濕的問題；但這只有在家庭內進行遊戲治療時，才有可能。作者本人的折衷建議是設法在遊戲室的一角或門外，設有一個水龍頭及水槽（約為 60cm × 45cm × 30cm），以便於其中貯水並放下玩具（杯、盆、水壺、飄浮玩具、肥皂、奶瓶、船艦等），進行各種想像的遊戲。

㈥沙　遊

沙遊治療（Sandplay Jheraky 日本稱箱亭治療），最早是由 Wells（1911）、M. Lowernfeld（1939）自歐洲發展出來，到了 D. Kalff（1966, 1981）才把沙遊治療的理論發展及專業工作者之訓練推展至高峰。在玩沙、放置各種玩具的過程中，當事人很容易便將個人的困擾投射、扮演到沙盤的故事中，並經由「混亂（初期）→掙扎（中期）→統整」的過程，處理其內心之困擾，使內在的能量重新得到協調。由於此媒體之使用在言語、智力上的限制都可減到最小（唯一須注意的是，情緒嚴重困擾之當事人不適合），並且也不像藝術治療，較須牽涉到繪畫技巧上的問題。**因此沙遊治療，實可被視為相當實際、有效而值得推薦的一種媒體。**

沙箱治療的設備，主要包括幾部分：

1. 二個 40cm × 70cm × 6cm 大小的淺木箱（本身之內部漆成深藍色，仿製「水」的感覺）、20 公斤左右的白沙（或棕沙）。實際使用時，一個裝乾沙，一個加水成為濕沙；或合二為一（即在沙盤中乾濕並存），亦可。

2.玩具部分，基本上都是迷你型的尺寸（拇指大小，最大通常不

超過手掌大小），主要內容又可分幾類，如：

(1)人物類：家庭組成分子、神話人物、歷史人物、運動人物、休閒人物、壞人（機器人、怪獸）、軍人、警察及數十個塑膠製小兵。

(2)建築類：橡木製、陶土製或塑膠製的各式房屋（一樓或二樓、西式或中式）、學校、牧場、帳篷、橋樑、籬笆、秋千、樹木、電竿等。

(3)動物類：大小不同的家禽（狗、貓）、森林馴獸與猛獸（兔、虎、蛇、象）、史前動物（恐龍、龍）等（這在沙遊的情境中，可用來擬人化，所以很有用）。

(4)交通工具類：汽車（可準備十幾個各種不同形狀與功能的）、船、飛機、戰艦、摩托車（交通工具在沙戲治療的象徵意義是「行力」與「改變」，在治療效果上，是非常重要的）。

(5)植物、礦物類：如塑膠製的樹林、花、花園、石頭、貝殼、乾松果、彈珠等（真實材料亦可）。

(6)家俱類：如沙發、電視、餐桌椅、食物、水果等。

(7)其他：情境須要可增添相關物件，如蠟燭、鏡子、水晶球、小汽球等。

二、遊戲治療之類型

遊戲治療之類型，分個別及團體兩種。就個別而言，遊戲室中要包括治療者及當事人二者。有必要時，可邀請一名觀察員或攝影（因為目前台灣的環境尚未成熟，有單面鏡觀察而同時能做有效的音、錄影記錄者還不普遍）以及當事者的重要他人（通常是父母、

人，也有時是同學、好友）一起進行。就團體形式而言，通常是 4 – 5 人的小團體，此時應有觀察的焦點人物（通常是當事人）。而團體的進行方式，一個是為了「診斷」（如自小團體遊戲中，觀察當事人的人際互動模式），另一則是為了「處理」（如已發現當事人的攻擊行為，並經過個別治療、發抒壓力後，可進而安排適宜的小團體情境，使當事人有機會練習新的人際技巧）。

　　一般來說，由於團體的情境更為複雜。作者建議，在實務上，應先練習掌握個別治療之狀況後（通常是做了 10 個左右的連續個案之後），才適宜開始做團體的遊戲治療。

　　最後，在學校的班級情境中，亦可用「小組」及「遊戲」的方式來進行。不過在此種情況下，更適合的稱呼也許應該是「遊戲輔導」或「遊戲諮商」，應該儘量避免「治療」名詞之使用。

參

遊戲治療的歷史
與發展

一、遊戲治療的學派發展

長久以來，遊戲就被認為在兒童生活中占有一席重要的地位。早在 18 世紀，盧梭（Rousseau, 1762）（見《愛彌兒》一書）即提出觀察遊戲來認識及瞭解兒童的重要性。

福祿貝爾（Froebel）於 1903 年，在其著作《人類的教育》（The Education of Man）一書中強調遊戲的抽象成分。他指出不管何種性質的遊戲，都有它意識及潛意識的目的，因此可以從中得知意義。

而第一個應用心理學理論於兒童身上的發表個案，是弗洛依德在 1909 年報告的古典案例：小翰斯（Little Hans），描述一個有恐慌症的 5 歲小男孩的處理過程。弗洛依德的治療手法是針對這位父親所記錄下小男孩的遊戲內容，來建議父親如何做反應。「小翰斯」是第一個有關兒童情緒困擾的個案紀錄。

㈠精神分析遊戲治療學派

1. 在弗洛依德（1921）處理小翰斯（Little Hans）的個案之後，Hermine Hug‑Hellmuth 似乎是第一個強調遊戲在兒童分析中的重要性，並在治療情境中提供遊戲器材，幫助兒童表達自己的人。

2. 在 1919 年，Melanie Klein 開始把遊戲技巧當成一種方法來分析 6 歲以下的兒童。約在同時，Anna Freud 開始以遊戲做為一種鼓勵兒童與她建立關係的方式。Melanie Klein 和 Anna Freud 的最大差異在於後者偏重對兒童遊戲中，前意識及潛意識部分意義之解釋。她檢視大部遊戲的象徵意義，特別是性方面的。Melanie Klein 則強調把治療關係中的希望與焦慮帶回源頭（特別是母親）去處理，

從而減低兒童的焦慮。

　　Melanie Klein 所用的玩具材料相當地簡單、小巧，沒有結構性，也不是機械性玩具，如小木頭男生、女生、動物、汽車、房子、球、彈子、紙張、剪刀、黏土、水彩、膠水和筆。她還把每一個小孩的玩具鎖在一個抽屜中，表示兒童與治療者隱密及親近的一種關係。

　　3. Anna Freud（1946/1965）主要使用兒童遊戲來幫助兒童與治療者建立一種正向的情感聯結，以便進入兒童內在的世界。當兒童與治療者的關係愈來愈好時，治療過程的重點就由遊戲漸漸轉向語言溝通。

㈡宣洩遊戲治療

　　遊戲治療第二波的發展應為 David Levy（1938）約在 1930 年代所發展的發洩式遊戲治療 （Relase Play Therapy） 。David Levy 覺得治療者沒有必要去做解釋，且深信遊戲的淨化效果。在此理論中，治療者的主要角色是「場景改變者」；亦即藉由選定玩具來重新創造激起兒童焦慮反應的經驗，重新經歷創痛事件，讓兒童發洩傷痛及緊張。

　　發洩式的遊戲治療有三種模式：

　　1. 丟擲東西或打破氣球來發洩攻擊型行為。

　　2. 在標準化情境中發洩情感，如將嬰兒娃娃放在母親胸前以引起手足競爭的情緒。

　　3. 創造一個遊戲情境讓兒童再次經歷生命中某些特定的壓力經驗，藉此發洩情緒。

　　Gove Hamgidge（1955）發揚了 David Levy 的理論，稱之為「結構化遊戲治療」，其特色為更直接地引介事件進入遊戲情境中

㈢關係遊戲治療

關係遊戲治療的哲學基礎乃引自 Otto Rank（1936）的信念。他不強調過去歷史及潛意識的重要，而看重治療者與個案關係的發展，並且保持一種一致的態度，注重現在、此時此刻的感情與經驗，此種理論傾向於合理的縮短治療期間。

㈣非指導性遊戲治療

關係遊戲治療的工作被羅吉斯（Carl Rogers, 1942）繼續研究及擴展。遊戲治療第四波主要之發展則應歸功於 Virginia Axline（1947），她成功地應用非指導學派的理論到兒童遊戲治療裡。非指導性遊戲治療並不意圖控制或改變兒童，它的目標是兒童的自我覺知與自我指導。治療者有一間儲藏豐富的遊戲室，兒童可以自由選擇去玩或保持沈默。這個理論延伸發展而成為兒童中心遊戲治療（Child-Centered Play Therapy）Landrerh 有名的「關係之藝術」一書，便在闡述其概念，國內亦有譯本（高淑貞，桂冠）。

㈤親子遊戲治療（Filial Play Therapy）

目前在遊戲治療中，很顯著的一個趨勢是訓練父母使用遊戲治療的技巧與子女進行遊戲單元。這個新理論是在 1960 年代由 Guerney 夫婦提出。親子遊戲治療模式包括了高度結構化的課程——通常為期 10－12 次，內容包括教導、示範、角色扮演、真人扮演及回饋。父母被訓練使用兒童中心遊戲治療學派的技巧，以便能在家中與子女進行每週一次的遊戲單元。通常剛開始接受訓練的父母會期望他們的子女將要有所改變，但在過程中發現他們對孩子的想法有了改變，因而

能更有同理心地接納自己的子女。後來 Landrerh 加以修改而成為一個結構式有關的訓練方案，後文將再介紹。

(六)成人遊戲治療

此種治療是一個新的興趣領域。因爲焦點在遊戲活動而非遊戲者本身，使得成人能專注於遊戲上，進而得到一種無法單靠語言傳遞的感覺。音樂、布偶製作與演劇、沙箱、繪畫、肢體開發、陶土創作等都是對成人很有幫助的器材。

二、遊戲治療之發展

(一)國小輔導室的設立

1960 年代美國在小學裡設立輔導與諮商處，開啓了遊戲治療五波主要的發展。Alexander（1964）、Landreth（1969, 1972）、Muro（1968）、Myrick 與 Holdin（1971）、Nelson（1966）等鼓勵學校運用遊戲治療來滿足大多數兒童的發展需求，而不是只針對適應不良兒童。

由於小學的終極目標是提供適當的學習機會來幫助兒童在智能、情緒、身體及社會方面的發展。所以，在小學使用遊戲治療的一個重要目標是：鼓勵兒童準備妥當去接受及受益於學校所提供的學習經驗。遊戲治療因之成爲學習環境的一個助力，這個經驗幫助兒童擴大了學習的機會。

相形之下，台灣目前仍主要用語言來進行的國小輔導，真是要加油改善了。

(二)遊戲治療組織

在 1982 年設立的遊戲治療國際協會，形成遊戲治療領域中第六波主要的發展。遊戲治療組織並無特定學派立場，而主要係探折衷的角色。它對遊戲治療的定義是：「一組不同的介入方法，但皆使用遊戲為治療過程中不可或缺的要素。」其目標為：

1. 綜合及提供固定聚會給對治療性使用兒童遊戲有興趣的人們。

2. 提供能增進遊戲治療實用化的訓練、研究及成長材料。

3. 鼓勵遊戲治療工作者的積極溝通。

想參加此組織者，皆可寫信至下述地址或網站：

Association for Play Therapy, Inc

2050 N. Winery Ave. Suite, 101

Fresno, CA,93703, USA

Fax:（559）252-2297

info@a4pt.org

www.iapt.org

此外，附錄將一併列出今年（2002）暑假及 10 月份的兩項年度學術活動資訊，以饗讀者。

三、遊戲治療之未來趨勢

這部分主要以美國的趨勢為例，其現況為：

(一)大學治療課程訓練

　　北德州大學遊戲治療中心在 1989 年所進行的一項全美大學相關
課程之調查中發現，有八十四所大學在課程中至少有一單元介紹遊戲
治療，而其中有三十三所大學開設本課程。

㈡研習營及研討會（見附錄 1a、1b）

　　1990 年北德州大學所舉辦的年度遊戲治療研習營，大約有 70
位人士參與；而年度性的遊戲治療工作坊，也為此範疇的工作者，提
供了充電加油的機會。

㈢遊戲治療中心（見附錄 1c 之圖片說明）

　　在 1988 年，一個全國性的遊戲治療中心在 Garry Landreth 主
導下於北德州大學成立。中心裡設有六間設備完善的遊戲治療室；提
供多種研究所階段的遊戲治療課程；舉行訓練會；主辦年度遊戲治療
研習營，提供每個月的討論會；出版其調查及研究結果，包括遊戲治
療訓練及文獻索引。若希望更多資訊，可寫信至：

Center for Play Therapy

University of North Taxas, P. O. Box 13857

Denton, TX 76203 － 1337

U.S.A.

Fax：（940）565 － 4461

Dpt@coefs.coe.unt.edu

肆

遊戲治療的治療性效果

一、兒童問題與依附理論之關係

　　由資料可知，兒童問題之輔導所須處理的內容包括行為的類型、成因及對策之探討。更由於成因的複雜（內因、心因、器質），使得問題的呈現，不易一目瞭然。此處，作者試擬出一個假設性的因果模式（見圖一），來說明彼此之間可能的關係。

圖一　兒童問題的成因與結果

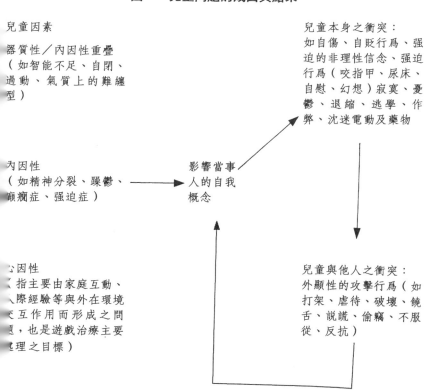

兒童因素

器質性／內因性重疊
（如智能不足、自閉、過動、氣質上的難纏型）

內因性
（如精神分裂、躁鬱、顛癇症、強迫症）

影響當事人的自我概念

心因性
（指主要由家庭互動、人際經驗等與外在環境交互作用而形成之問題，也是遊戲治療主要處理之目標）

兒童本身之衝突：
如自傷、自貶行為、強迫的非理性信念、強迫行為（咬指甲、尿床、自慰、幻想）寂寞、憂鬱、退縮、逃學、作弊、沈迷電動及藥物

兒童與他人之衝突：
外顯性的攻擊行為（如打架、虐待、破壞、饒舌、說謊、偷竊、不服從、反抗）

　　於此，須注意的是兒童的問題，最表面部分所顯現的往往只是其結果，也就是種種不良行為之表徵。但真正引發這些不良行為的，卻是其自我概念與社會適應之能力；更重要的是，造成這些不良自我概念或社會適應力背後的家庭與環境因素。因此在處理上，不可不納入真正「因」的控制，即家庭與環境之處理。但在學校教師與輔導的現實限制下，其影響力的主要對象，實際上，應是當事人的自我概念。

　　解釋一個人的自我（ego）時，最重要的理論當推心理動力的客體關係理論（object relationship）。此學派並延伸而提出依附理論的觀點。認為人自出生以來，由於生存的需要，必須依附其主要照顧者（通常是母親），並因主要照顧者本身安全感上的表現不同，而形成幾種依附型態。其中最理想的是「安全依附型」，其特徵為人格（或自我概念、自我狀態）的穩定自若、挫折忍受力高，通常也是人口中比率最高的一種類型。第二種是「曖昧依附型」，具有此類人格者，任事積極、努力，但焦慮性高，既需要關係又怕受傷害，因此常表現為一種矛盾的態度。此類人格之特徵，與企業組織中的Type-A（成功性）人格近似。第三種類型為「逃避依附型」，此類人格可與人保持工作或社交之關係，但本質上是不信任關係的，因之拒絕與人發生密切之接觸，故對親密關係容易出現一種保持距離的態度。

　　在國外的文獻中（Hazan & Shaver, 1987），發現約有56%的成人為安全依附，25%為逃避依附，19%為曖昧依附。而Campos、Barrett、Lamb、Goldsmith及Stenbeng（1983）之研究則發現嬰兒部分之安全依附、逃避依附與曖昧依附之比率為62%、23%、15%。由此可見，自嬰孩時代到成人階段，其依附類型之分配，大致上並無不同。國內學者如蘇建文、丁心平、許錦雲（民79）等研究亦顯示類似之結果，即安全依附最多，逃避依附次之，曖昧依

最少。而邱碧慧、孫蒨茹（民 84）等以成人（ N = 223 ）為對象之研究，也再度印證此一趨向（ 72%、17%、11% ）。

客體—關係的理論，其實主要即在說明此依附理論的形成過程。舉例來說，嬰兒自出生以後，通過自我狀態的混沌自閉期（ 約為 0 - 個月之間 ），開始接收到與外界關係的一種型態（ 主要照顧者的依附形式 ），從而投射出信任、焦慮等氣質。從 8 個月至 2 歲左右，由於生理的加速發展，進而開始能更複雜地去分化這些依附形式，而逐漸形成認同、補償及反認同等諸種因應機轉，但終究不脫離「安全—不安全」以及「好—不好」兩種自我概念之向度。而這也就塑造了其對自己、他人及世界的主要態度（ 信任與否 ）和關係形式。這種形式當然不只出現在人格中，也對應到人際關係的各方面（ 家人、婚姻、朋友、上下關係 ）。不過無論變化形式如何，其主要類型仍只有三種，那就是：「依賴—神化」（ 請注意這是很多關係的起源 ）、「爭鬥—逃避」以及「配對」（ 也就是以平等的立場，讓關係真正持久的條件 ）。這三種類型不但是人類關係過程中的特質，也可視為是人終其一生在「關係」上所經歷的價值澄清之旅。吾人大部分生活中的喜、怒、哀、樂，可說皆與此有關，並因而產生適應上種種的困難和挑戰。

Cassidy 和 Berlin（ 1994 ）更進而自文獻回顧中指出，成人有依困難者，常表現為「過度保護（ 涉入 ）」及「軟弱」（ 孩子式的媽 ）兩種型態。這固然還需要納入東西方管教態度不同所造成的文化素之影響；但整體來說，愈不安全依附之母親，愈會干涉孩子的自性、探索性與嘗試錯誤性。在「無助羔羊—依賴」的關係中，雖然一方面增強孩子對其家庭的重視與需要；但另一方面，何嘗不造就了會適應不良的孩子呢？

　　要匡正或治療上述種種不當依附所造成的不良影響，對兒童來說，最好的作法，實即遊戲治療。這可從遊戲的治療性功能來探討。

　　Schaefer 在其 1993 年所編著的《遊戲的治療性力量》（The Therapeutic Power of Play）一書中，曾說明遊戲的治療性效果，如表三，但作者更依據多次觀察遊戲過程發生之事實，試圖重新排列如表四。

表三　遊戲的治療性效果

治療性因素	有利的結果
1. 克服抗拒	建立工作同盟的關係
2. 學習	教導有效控制情緒之作法
3. 競爭的能力	增加自我的價值感
4. 創造性思考	對問題想出新的解決之道，刺激右腦之發達
5. 宣洩(意識部分)	得到情緒的鬆弛
6. 淨化(潛意識部分)	創傷得到調適
7. 角色扮演	練習並獲得新行為，減低攻擊需要、增加同理心
8. 幻想的視覺化 (fantasy/visualization)	幻想的實現（如死去的母親可以復活，欺侮者得到懲罰等）
9. 隱喻之教導	頓悟之獲得
10. 正向依附之形成	接納自己和別人，適當的依賴、獨立之學習
11. 關係之增強	如家人與友伴關係及感情的增進
12. 積極情緒之經歷	自己能做主、有掌握感(ego boost)
13. 克服發展階段上之恐懼	如輔導第一天上學及怕黑等問題之調適
14. 比賽性遊戲	增強社會性、學會社交規則

（Schaefer, 1993）

表四　遊戲的治療效果（過程）

治療性因素	有利的結果
1.克服抗拒	建立工作同盟的關係
2.正向依附之形成	接納自己和別人，適當的依賴、獨立之學習
3.關係之增強	如家人與友伴關係及感情的增進
4.積極情緒之經歷	自己能做主、有掌握感 (ego boost)
5.宣洩(意識部分)	得到情緒的鬆弛
6.淨化(潛意識部分)	創傷得到調適
7.角色扮演	練習並獲得新行為，減低攻擊需要、增加同理心
8.幻想的視覺化 (fantasy/visualization)	幻想的實現 (如死去的母親可以復活，欺侮者得到懲罰等)
9.隱喻之教導	頓悟之獲得
10.比賽性遊戲	增強社會性、學會社交規則
11.學習	教導有效控制情緒之作法
12.競爭的能力	增加自我的價值感
13.創造性思考	對問題想出新的解決之道，刺激右腦之發達
14.克服發展階段上之恐懼	如輔導第一天上學及怕黑等問題之調適

(何長珠，民 91)

伍

遊戲治療學派的
理論與技巧

關於本章更詳盡的說明，請參考由 K.J.ÓConnor 和 L.M.Braverman 著，本作者所譯（民87）的《遊戲治療——理論與實務》一書，此處僅做簡單之介紹。

一、個案中心學派

㈠創始者

由羅吉斯（Carl Rogers, 1951）及 Virginia Axline 所創，後者並於1947年出版本派基本的參考書。其後，Moustakas（1973）及 Ginott（1961）對本學派的發展及方法均有貢獻。

Virginia Axline 對「不適應」之定義是：當個體發展出足夠自信心，能依回饋來引導行為、達成自我瞭解時，是良好適應。相反的，當個體缺少信心去解釋其行為，而且很少有建設性的動機時，則為失調。

本派在進行遊戲治療時，其主要目標則在提供個案一個本來沒有過的溫暖或接納之環境。

本派又因為係羅吉斯任教於芝加哥大學時所創，故俗稱「芝加哥治療學派」。曾受教於羅吉斯的 L. Snyder（1946）分析兒童之行為，發現：

1. 治療者應能催化孩子的自我導引、自我探索和成長。

2. 父母、教師亦可成為治療者。

3. 治療情境中約五分之三的反應應來自於孩子。治療者的反應中，一半應是在反映感受，且其中10%的治療者之反應，應屬於接納（如：嗯、哼）的方式。

4. 透過治療，兒童抒解了很多情緒。

5.否定情緒在後期達高峯，而於結束時下降（此點與Mousta-kas在1955年之發現類似）。

Virginia Axline則認為個案的年齡愈小，愈不能使用口語；並且當兒童所感受的紛擾愈大時，則愈不能與治療者發生交互作用。

㈡治療者之資格

本派對採用何種技巧持開放的態度，惟強調：(1)訓練及督導之必須（用角色扮演的方式進行）；(2)非權威的立場，同時須注意(3)治療者自我探討及接納的程度。

㈢適宜和不適宜的個案

本學派認為團體較適合8－10歲後的孩子。年齡愈大的小孩（如10歲）和治療者說話的比例愈少，但卻能說出較多喜歡／不喜歡的內容，也較少會用行為來測試治療者之限制。

每個遊戲治療團體均應包括一些正常孩子。不適合之個案包括：自閉症及無法有現實接觸的精神分裂症患者。至於團體對個別處理上，不適合團體處理之個案包括像具有強烈的兄弟姊妹間之對立情緒（如嫉妒），或有社會性病理情感（如冷漠，sociopathic）型的孩子，以及具有連續偷竊或攻擊問題的孩子。至於遭受極大打擊後的孩子，則以個別處理為宜。而年齡小於9－10歲的孩子亦不適合團體遊戲治療。

㈣玩具的選擇原則

建議宜考慮可多用途使用者、有助於困難情緒（攻擊及依賴）之表達者、可同時由兩人共用者。受爭議的玩具包括：玩具槍、塗鴉及

書本等。較大的孩子（10－12歲），則以保齡球、錄音機及有目標的比賽遊戲為宜。玩具的排列以自然堆放為理想。

㈤設　限

應項目少，但是清楚有力。如「不可做身體攻擊」；「不可有意地破壞物品」；「不可在遊戲室中，逗留不去」或「不可脫光衣物」等。而且應隨情境之發生而制定，不適合一開始時則頒佈。

舉例：

當第一次違規時，治療者可陳述規定：「你可以用鉛筆在紙上畫，但不可以用鉛筆戳洋娃娃！」

第二次違規時，再次陳述，並加上後果處罰：「不可以用鉛筆戳洋娃娃。如果再發生，你就不能再玩洋娃娃了。」

第三次違規時，再次陳述後果並執行。

限制一旦制定，必須遵從。執行設限時，治療者必須肯定說明，並與兒童的目光有接觸。

㈥個人中心學派的三種支派

Dorfman（1951）認為典型的個人中心學派缺少適當的限制，建議讓年齡較大的兒童自由選擇遊戲場所。Ginott（1961）建議保距離而不涉入（被動）的觀察原則。而 Virginia Axline 主張：

1. 視個案為該治療時段中最重要的人。

2. 接受個案所有的思考及感覺，但非行為（因此適當的設限，是必須的）。

3. 設法瞭解、體會孩子的思考、感覺及幻想。

這其中，以 Virginia Axline 的影響最大並因此延伸出兒童中心與親子遊戲治療之主張。

(七)治療者守則

儘可能依兒童之意願進行活動，同時以同理反映之技巧注意其受和動機。至於對實際問題之討論，包括：「應否接受孩子要求扮的任務」；「遊戲的輸贏原則」；「適當的身體距離為何（36吋）」；以及「於個案遊戲（不論失敗或成功）時，治療者的音調保持一致的平穩」。

(八)階 段

本學派歷經幾個階段，即關係建立、設限之試探、負面情緒之洩、自主性能力之增加。其中，第一次見面時治療者可用的技巧二，如：

1. 重複使用「再保證」（如「你可以做任何你想做的事」）述句。

2. 多做開放式的敘述（如「這個娃娃家的臥室放了好多床」而不要說「咦，這裡怎麼有這麼多床啊？」）。

(九)實 例

個案為 8 歲女孩，有極端的男性認同（攻擊、不表露情緒哭），與父母不親近（其弟極討父母歡心）。投射測驗顯示出對及權力的曖昧態度——想支配但又希望得到認同以及不喜歡自己別。在其後的十六次聚會中，此個案仍有重複的問題出現（如與

者競爭輸贏等）；但隨著治療的進展，她也愈來愈能接受自己（開始玩娃娃），並逐漸減低與男孩玩的頻率。結束時，個案已在鄰居的一羣女孩中有了一個位置，與弟弟的關係也明顯不同了。

㈩對本學派之評估

兒童中心學派最有助於防衛之解除和積極自我觀念之建立，可適用於大多數類型的案例。特別是在治療的初期，用來做為關係建立或抗拒減除的目標，都是很適宜的。此外，對內向、適應不良之個案或專業水準較弱的治療者亦均適宜（因其主要採用同理、跟隨等非指導式的諮商立場）。

二、公平遊戲治療

㈠特　色

治療者扮演主動介入的角色（主動式的被動），使孩子學習到解決問題的有效方法。

㈡理論背景

1. 遊戲治療應包括遊戲。
2. 此遊戲中應有治療者的存在及參與。
3. 主動參與，也就是說非指導學派並非眞的非指導。
4. 本派的理論受 Maslow、White、Freud、Skinner 及 Bandura 等家觀點之影響，也可視爲是阿德勒（Adler）派遊戲治療之前身。
5. 關注點：「孩子有那些重要的需要須被滿足？」「孩子學到

那些錯誤的學習？」

　　本派認為治療者之責任不是只判斷兒童的錯誤行為，而是建構一套計畫，補足當事人以往之缺乏。這當中又以 Glasser 的觀點最具代表性。

　　(1)Glasser 認為一個人能滿足自己合法的需求時，是不會侵犯他人合法之的權力的。

　　(2)治療者應有效地介入任何會傷害個人的活動或行為中。

　　(3)治療者有義務主動引導個案進行（從事）創造性之活動。

㈢基本的作法與過程

　　1. 適宜本學派處理之個案是那些喜歡（需要）社交刺激及有節制困擾者。故較適宜具有敵對、焦慮、恐懼等不良適應的孩子，較不適合退縮或只對物質有反應的孩子。

　　2. 工作對象宜包括單親或雙親。

　　3. 開始前，應被告知將被觀察及被錄影整個過程。

　　4. 其中有一次至兩次的會面，包括對父母及孩子的晤談。

㈣治療者之特質

　　1. 穿著輕便。

　　2. 能給予孩子仁慈、親切的感受。

　　3. 成熟的成人態度兼及對兒童生活的認知及行為之彈性，且具備發展心理學、社會學習論及對孩子情緒問題之認識。

　　4. 治療者須能信任自己在治療室中每一分鐘的判斷（相當的自信和決策力）及彈性（跟隨個案而做變化）。換言之，即使失掉一機會，仍有彌補的機會。

5. 治療開始前，可和孩子在遊戲的場合中共處一段時間，以瞭解其口語及行爲特徵。

6. 治療者的反應應是誠實而適當的，且能自我統整與眞誠。

㈤過程及目標

1. 孩子須達成若干目標始能獲得治療者之支持（approval）。換言之，「無條件的積極關注並不是無條件的。」孩子可發洩其不苟，但不能因此就攻擊他人，也就是所謂的「可接受負面感受，但不接受孩子的負面行爲」。

2. 「設限」包括不可破壞東西、攻擊治療者等。此時之重點在少不宣布自己做不到的限制，並維護遊戲室爲可使用的情況。

3. 設限的態度宜溫和、客觀、就事論事。

4. 持續的注意「設限」之狀況亦是必須的。治療進行中（除喝水、上廁所外），應停留在遊戲室中。

㈥治療之進行

1. 第一次，儘量瞭解並熟悉個案之問題，建立信用及加強增強作用的價值（觀察、大聲說出意見）。

2. 當關係逐漸建立，個案開始重視治療者之意見時，可開始使用「示範」（modeling）（用木偶、娃娃家及黏土等媒體）。

3. 結束階段的活動在協助個案凝固該次所學到的事，如角色預演或口語說明等。

公平遊戲治療的重點是對治療者及個案都同樣公平。舉例來說，當治療者感受到任何來自個案的情緒時，亦應使個案明瞭（本學派並不強調無條件積極接納）。

(七)實　例

Luke 由其一年級導師陪同來接受治療。其情況為在教室情境中，極端退縮；但另一方面，當老師試圖接近時，又會被其拒絕。治療者觀察 Luke 幾次，發現他雖停留在老師附近，但眼神卻望向遊戲場。治療者於是建議其老師和 Luke 一起玩玩具。最初幾次，兩個人只是安靜地玩，但若干次後，Luke 開始學老師的作法，以便把車子裝得更牢固，並且在以椅墊圍成的城壁中，與治療者玩躲藏及進攻的遊戲。

三、家族遊戲治療

(一)定　義

係主張折衷技巧，包括父母、孩子及治療者三者於遊戲情境中其中父母與治療者之角色有直接、非直接兩種立場，Belt（1961）除 9 歲以下孩子的參與，Villenenve（1979）和 Ziegler（1980）主張包括幼兒於家庭會談中。Irwin 和 Malloy（1975）的家庭玩及 Sinon（1972）的家庭雕塑等均可納入。不過在這種狀況中，遊被視為治療的手段而非主體。Safer（1965）引進聯合遊戲治療巧，意指治療者和父母依據孩子的選擇，參與遊戲。家族遊戲治療展上述目標導向的作法，把遊戲治療做為與孩子諮商時不可少的一分。

採用此策略之原因，係由於發現許多家長無法有效處理其幼（2－7歲）的問題，而以此策略來協助家長（類似親職教育），

其不但解決求助的問題，還學到有效的問題解決策略。「Andragagy」
的定義是教導成人基本的問題解決技巧（計畫、執行、評估、應
用）。經由遊戲，父母與孩子建立一種溝通關係，同時可教導孩子建
立一種工作關係和發展一種遊戲興趣。

(二)過　程

建立互信的關係，其活動計畫包括：

1. 要求父母與孩子列出其所喜歡的遊戲。

2. 依據 Vanderver（1972）職業治療中的活動分析指引，來瞭
釋家庭的遊戲型態。

3. 環境須不受打擾。

(三)目　標

父母的合作與遊戲計畫之參與。每一周期約為 8－10 週（由於
父母們可能經歷了處理孩子的挫折，他們自己的問題亦須被處理），
周期結束後再定續約。

若有修正，通常在最初二次中進行，治療者主動引導家庭成員的
介入。

(四)角　色

治療者之角色為教師、角色模示者、遊戲者及催化者：

1. 最初二次，治療者採主導角色。

2. 接下來三次中表現較主動、極直接的角色，並協助家長扮演
新角色。

3. 最後三次則在鼓勵孩子及父母表現出新角色。

㈤實 例

Terry 是個 4 歲的小孩，極具攻擊性和衝動，後被送入一所一至
五個早上的治療性幼稚園，其母則同時接受社區個別的諮商約二次
（因爲 Terry 的母親 Mrs. R 非常害怕與她母親分離──她的父親是
酒癮者，而丈夫爲虐待者）。在這個部分，與父母同住以及父母的過
度保護似乎成爲其問題之成因。

治療者對 Terry 亦建立諮商及教室中的接觸。其母 Mrs. R 雖能
看到自己及孩子的進步，仍對孩子「突發的憤怒」感到不能接受（與
其早年受到男性的攻擊經驗有關）。同時，儘管其他專家認爲 Terry
的此種表現是正常的，但其母親仍不能接受攻擊是「正常的」，而表
現出一種曖昧不明的反對立場。

㈥處理目標及結果

1. 使 Mrs. R 能接受一些攻擊，減輕其不舒服之感覺，增進母子
間的互動。

2. 第一次遊戲治療時，母親想誘使 Terry 玩些其他較溫和的遊
戲；第二次則試圖誘導 Terry 勿做無目的之濫射；直到第五次，其母
才輕易地設好槍架，並參與 Terry 之遊戲。

四、親子遊戲治療

㈠親職與效力

即使是對有技巧、最專注的父母而言，做爲父母仍可能是一件

困難、充滿壓力和挫折的經驗。

　　自覺有能力的父母能正向地影響兒童各方面的發展。Schaefer（1981）發現內在控制高的父母，他們的孩子也有較高的語言及認知能力。Swick 與 Graves（1981）總結說：「當父母有高的內在控制力及好的人際支持網路時，他們更能正向地影響孩子各方面的發展」。

　　Spivack 與 Cianci（1987）發現，父母的參與可使他們的孩子增加自我控制及管理自我行為的能力。Gladstone 與 Hayes（1988）歸納其他研究之資料而建議說：特殊設計的親職技巧計畫，能幫助父母提高控制力及促進兒童的行為。

（二）親子遊戲治療的歷史發展

　　1. 早在 1949 年，Baruch 就倡導，在家中進行有計畫的遊戲單元能促進親子間的關係。France 在 1957 年曾發表一個很成功的家庭式遊戲治療的例子。在她父親羅吉斯（個案中心治療學派創始人）的建議及鼓勵下，她使用 Virginia Axline 的遊戲治療模式，成功地幫助她女兒克服對大小便訓練的情緒反應。

　　2. Bernard Guerney（1959）亦提出對家庭式遊戲治療單元的仔細描述。

　　孩子學習去期待與父親或母親一個或兩個禮拜一次、一次一個鐘頭的特殊時間──在這段特殊時間中，孩子是注意的中心，有多樣的玩具提供給他。父母並不會告訴他該做什麼，只會靠近他，仔細觀察，並表現完全的興趣與關心。

　　3. 親子遊戲治療（filial therapy）的具體概念化，是由 Bernard Guerney（1964）提出。它是針對 3 – 10 歲有情緒問題的兒童所設計

的治療模式。

㈢親子遊戲治療的過程

1. 這個特殊的氣氛需要 30 分鐘的特殊遊戲時間。因為父母唯一的目標是對孩子夠敏感，去瞭解、接納及讓孩子感受到這些，父母也因而發展出對孩子及其潛力有新的瞭解。

2. Bernard Guerney（1969）陳述遊戲單元的目標如下：

> ……首先打破孩子對父母原來的看法或錯誤觀點。其次，容許孩子表達出對父母原來不敢表達的想法、需求及感受（主要是透過遊戲）。兒童與父母的單元因而是要解除壓抑及內在的衝突與焦慮。經由對父母親的認識，讓孩子發展出自尊、自重及自信。

3. 在親子遊戲治療的理論中，父母沒有責任要做到完全的改變。所以，在遊戲單元以外的時間，父母若回到原來舊的行為模式也比較不會覺得失敗或罪過。

㈣選擇父母

親子遊戲治療適用於絕大部分的兒童，而不只是情緒適應不良。不過 Louise Guerney（1976）建議篩除有精神症狀、智能不足、自殺傾向，或有傷害他人意向的父母。她歸納出最適合常參加的團體者，是中等收入及至少高中畢業的父母。

㈤團體形式

親子遊戲治療團體結合了教導性，及隨機性地探索父母本身和孩子互動的感受及情緒反應。

團體通常包含 6－8 位父母，10 位以上便嫌太多，而使督導時間不夠，最好全部是單一父母或父母兩人一起參加的形式。使用親子遊戲治療做個別性訓練也是可以的。

親子遊戲治療提供了正面的人際支持特性，使父母覺得自己是有價值、有能力的。團體在第二個單元後就不再接受新的成員，父母參加每週一次 2 小時，為期 10 週固定的聚會，十次是最少的基本要求。

㈥訓練單元的內容及結構（Louise Guerney, 1997）

以下即是 10 週每次 2 小時訓練單元的參考資料：

第一單元：自我介紹、描述家庭、陳述焦點孩子（child of focus）（要進行遊戲單元的孩子）的特質。

第二單元：檢查作業，擴展同理式反映（情緒）的能力。父母間彼此做角色扮演的練習。給父母一張玩具材料清單，並說明只有在遊戲單元進行時，才能讓孩子玩這些玩具。單元進行中不應被門鈴或電話干擾而中斷。

第三單元：有效的「溝通」（親子治療的基本原則）包括八點「要」與「不要」之說明，如：要讓孩子做主導、不要稱讚兒童等。

第四單元：「堅定設限」與「給糖原理」（給予選擇權的立場）。

第五單元：「自然懲罰」與「父母部分保持冷靜的控制」。

第六單元：討論親子治療的一般問題（延長或縮短遊戲時間）。

第七單元：「鼓勵努力而非讚美結果」技巧之練習。

第八單元：「言出必行」，故勿任意許諾或威嚇。

第九單元：「瞭解」問題之下的問題。

第十單元：繼續。

Landrerh（1991）則更進一步發展其成為一套手冊，也是目前較常見之模式，國內高淑貞並將其整理出版（民89）。

五、策略性遊戲治療（Kissel, 1990）

㈠歷　史

二十世紀以來，對孩子之重視、心理分析（動力）理論之影響、社會工作團隊模式之介入、行為治療（修正技術）、家族治療之崛起以及社會問題之複雜化（離婚、多婚家庭、工作家庭、小孩的學習表現壓力），在在都催化更新的遊戲治療策略之產生。

遊戲治療本身之發展：趨勢則為由傳統的理論導向（弗洛依德及非指導學派）走向當今之折衷立場（行為修正、認知、TA、布偶、藝術、律動等）。

㈡策　略

主動的、直接的、教育導向。

㈢診斷DSM－Ⅲ－R的分類

含括智能、行為、情緒、身體和發展五標準。分類則為攻擊、

縮、不成熟、社會性犯罪或人格問題（disorder）。一般而言，出現焦慮或憂鬱症候者屬於「過緊型」；而有行為或注意力缺失的孩子，則屬於「過鬆型」的問題。治療之對策也非常簡單，即「緊者使鬆，鬆者使緊」。Kissel（1990）並列出「使鬆」和「使緊」的遊戲分類參考，如下表四：

表四　適合「緊」、「鬆」兒童的遊戲素材

適宜放鬆的素材	有助於變緊的素材
黏土	建設性玩具，如縫東西
蠟筆	模型
畫	膠水
紙	紙牌
指畫	棋戲
飛鏢	規則遊戲（大富翁）
拳擊袋	鏡子
水	錄影機
沙箱	球

（Kissel, 1990）

㈣治療者之功能

1. 示範（守祕）為一安全、可信賴之成人。

2. 反映（reflection）。

⑴支持性：指出不一致、化解阻隔、同理、讚美。

⑵發現性：對質、質疑、解說。

3. 策略設計：如攻擊的孩子，適宜玩沙袋；焦慮的案例，則可為他們準備黏土手工藝、畫畫；而對有言語表達困難的孩子，則可以投射性繪畫，如畫狗、畫人及曲線遊戲來嘗試瞭解其心理意義。

4. 技巧舉例

(1)畫人：此方式爲要求個案畫出一個代表自己的圖形，然後依表五之特徵，來判斷個案是屬於「鬆」或「緊」所造成的問題。

表五　「太緊」與「太鬆」兒童所繪人形之意義

太緊	太鬆
人格類型	
①細瘦	①身體的部分聯結得很差
②手切掉	②四肢不平衡
③陰影	③大的圖形
④少眼	④露牙
⑤手或腳放在一起	⑤過長的手或臂

（Kissel, 1990）

(2)亂畫（squiggle）遊戲：此方式爲在 A4 的紙上印就一些不規則的曲線（約爲 4－5 條），然後要求個案把每一曲線補充畫成一完整的東西，如「～」可變成「∽」或「π」等。

5.說故事：說故事之原則是要有頭有尾、故事發展完整，並主動導引。而說故事之技巧則包括三個：

(1)鏡子技巧（只取代部分角色）：用於初期（反映治療者的主傾聽）或個案無法提供動力導向之故事時。如白雪公主的媽媽死掉以後，白雪公主怎麼了？

(2)建立和引導性之故事：處理心理發展上遇到之一般衝突，如任、自我表達、同儕關係和堅持性。

(3)間接解說性之故事：側重特別的、目前的問題，採減敏感模加上支持性因素。如「尿床的山姆象」，是說有隻小象山姆本來很卑，因爲他會尿床。後來有一次馬戲團半夜起火，可是大家都睡得

熟而不知道，只有山姆因為總是半夜起床尿尿，結果居然把火弄熄了。從此以後，再也沒有人笑山姆尿床了。

(六)階　段

策略性的遊戲治療大約分成三個階段：開始、中間及結束，以下分別介紹：

1. 開始階段：通常是父母與治療者先有一次會晤，以便取得孩子問題的基本資料。父母們也應在第一次晤談的二、三天前告知孩子此事（「我們已和某某博士約好，後天下午你放學後，去他辦公室，來談談你尿床的問題，他看起來和爸爸差不多年紀，很親切的樣子」）。而在第一次見面時，治療者所欲取得的資料主要有兩方面──內容的及人際的。就前者言，如孩子問題之頻率、程度、當事人的看法；個案的生長、生病、學習史；出現的主要症狀是焦慮還是恐慌等，都是可蒐集的資料。就後者言，個案與父母互動的方式、狀況、對求助之態度、人際關係之能力等，則是可觀察之處。最後，則是治療者初步的診斷和治療契約（時間、次數、收費、接送方式等）之建立。由於孩子通常會抗拒會見陌生人，因此，在初階段，治療者須有較多的耐性與同理心，以接納孩子害怕與母親分離的焦慮和哭鬧；但同時則以行為治療逐步建立新行為規範（shaping）的方式，使孩子接受新的情境。

2. 中間階段：中間階段成功的一個指標是個案急著等待每週一次的遊戲治療早點來到，這同時也是治療者真正工作、處理問題的階段。個案通常已建立個人的遊戲模式（或是每次換不同的東西玩，或是重複玩著某種遊戲）。而治療者則藉著觀察，偶爾走動，有時直接和個案談到其困擾或建議不同作法的方式來增加個案解決問題的能

力。也是在這個階段，個案會對治療者施以種種考驗，如治療者有沒有專心在跟我玩？他記得我弟弟的名字嗎？他眞的能夠容忍我做錯事嗎？他眞的對我好嗎？帶我去看電影？他能保密嗎？不一而足。治療者之任務，則是藉遊戲來瞭解個案的問題並協助個案，走向（看到）新的作法。就此觀點而言，遊戲既然是治療，但也可以是治療的前奏，學理上何種立場爲優的論辯（Anna Freud 和 Melanie Klein），雖一直未有定論，就效果言，則並無重要意義。

　　3.結束階段：在情感（緒）的壓抑已得到舒緩的前提下，理論上個案應能走出新方向或認知到其他解決問題的作法。但從另一個觀點來說，*治療的結束只是個案改變的開始*（任何治療何嘗不是如此）。期望問題就此消失的假設，不但不客觀，甚至結案前，個案短暫的表現「退回」（regression）現象，都是正常且可理解的。

　　國內陳碧玲及陳信昭亦已翻譯出版此一學派之書籍（五南，民89）。

六、認知─行爲治療學派的遊戲治療

㈠特　質

　　1.經由遊戲，直接處理孩子的問題。

　　2.認知─行爲治療（cognitive–behavioral play therapy，簡稱CBPT）之焦點爲孩子的想法、感受、幻想、環境。

　　3.發展更具適應性（adaptive）之行爲。

　　4.認知─行爲治療（CBPT）是結構的、導引的和目標導向的。

　　5.應用實驗證明各種有效的技巧和模式。

6. 允許實驗的處理。

㈡與傳統遊戲治療方法之比較（Knell, 1993）

認知—行為治療學派與其他傳統遊戲治療方式之比較，可見表六。

表六　三種遊戲治療學派(心理分析、兒童中心、認知—行為)之比較

1. 相似性

(1)關係上：建立接觸、參與處理、引發信任
(2)經由遊戲而溝通
(3)安全的場所
(4)提供線索去瞭解孩子

2. 相異性

心理分析	兒童中心	認知行為(CBPT)
(1)目標：方向非來自兒童遊戲而來自治療者	不可以有指引	建立目標，做為介入之基礎
(2)治療者：是「參與的觀察者」，不建議活動	由孩子決定一切	與孩子一齊選擇
(3)引導：遊戲不是用來教育什麼的	教育等於導引，所以不適合使用教導。	遊戲是用來教導技巧的
(4)技巧：解說為終極目標	只有在孩子先提出時才做反應	把衝突以口語的方式表示出來
(5)讚美：不同意使用稱讚	不可使用，因為仍是一種影響孩子的企圖	是重要因素，藉之可催化學習

陸

遊戲治療之階段
與
治療者之任務

一、階　段

Moustakas（1955）等之研究歸納治療為如下之過程：

㈠初期階段

■ 兒童會測試安全性（「治療者真的不會作批評嗎？」），以建立信任。

■ 對受虐兒，宜採無特殊限制之遊戲。

■ 內容部分，應瞭解其問題特徵、發生史、家庭關係、主要的情緒狀態，從而產生診斷及策略。

具體而言，治療者之任務為：

1. 與父母及有關人物之會晤，以獲得孩子、父母及治療者有關之資料。

父母在第一次晤談前兩天，應向孩子介紹此次晤談是幫助解決其問題，以及介紹治療者為「友善的」角色。

2. 初次晤談內容之人際觀點：

(1)內容部分，治療者應瞭解如下之問題：

①孩子問題之頻率、時間長度及其個人之看法。

②發展、醫學等教育史。

③家庭關係：婚姻、父母、兄妹。

④同儕關係。

⑤對求助之態度。

⑥主要的情緒狀態。

⑦診斷。

⑧處理策略。

(2)人際部分（ Reisman, 1973 ）：

①簡介。

②從等待場合移至遊戲室。

③建立溝通。

④建立契約。

　　國外在接案時，常借助兒童行為檢核表（CBCL）進行資料蒐
之工作，國內黃惠玲（民 84）亦修訂建立中文版，有興趣者可
考。

(二)中期階段

　　經過初期階段，當兒童個案對治療者已發展出信任關係之後，
擊和宣洩的情形會愈加出現。表現在行為上的，則有不反應（好像
聽到）、不聽從（如嘗試性地挑戰治療者之權威）、出現負面的態
（沈默、抗拒、故意）或行為（如遲到、表示無聊、持續性的打擊
丟擲某項物件、用力塗鴉、亂畫）；哭泣、流淚、疲倦而愕然的表
等等，不一而足。

　　另一方面，當事人也開始對治療者產生正移情的關係。因此，
出現身體距離上之接近、視線的接觸、手或身體之碰觸、笑容，並
出或問出一些較親密的資訊。如告知治療者自己的生日、分享自己
朋友的名字；對治療者的年齡或家庭生活好奇；向治療者提出要
（拿某項玩具回家或帶某個玩具來玩）等。歸納而言，有如下的五
向度，即：

　　1.注意力：指治療者是否專心投入。

　　2.記憶力：指治療者是否記得自己講過的事情。

3. 挫折、挑戰的忍受度：指治療者容忍個案不當行爲之能力。

4. 關心或喜愛的程度：指治療者對自己與其他個案間的比較關係。

5. 保密程度之考驗：指治療者能否保持諾言，即使對個案之父母亦然。

而以上種種行爲之表現，皆可視爲是個案在處理「獨立」對「依賴」（也就是「依附關係」）重要論題上的調適過程，故治療者的任務應是「有效成人」之示範。也就是：

(1)接納的、瞭解的態度與跟隨式的語句反應。

(2)以客觀檢核的立場，讓對方學習到行爲的自然懲罰後果與「遊戲室—教室—家裡」不同環境中的有效行爲之區別。

(3)藉著示範支持、澄清、回饋，使個案有一個機會，練習接納新的自己，學會欣賞自己的某些特殊長處（不管是繪畫、手工或仔細度），並從而走向新的統整。

(三)末期階段

通過發洩期後，個案的心理能量已因壓抑的還原而重新充電，因此正向的、合作的與自主的態度逐漸出現。另外，遊戲的性質也更能逼近眞實，較能忍受挫折，社會行爲開始萌芽。

而這也意味著結束的時候到了。Cotton（1993）曾列出一些資料，說明結束的條件和方式：像是某些外顯的徵候，到此時已有了 80%的控制（焦慮、衝動表達），個案已學到一些對策或已開始建立較好的外在關係（教室學習與行為）。至於結束的方式，也有三種，如：

1. 與父母一起出席終結會談。

2.逐漸加長晤談的時間間隔（從一週一次拉長爲二週或一月一次）。

3.擬定未來聯絡之方式。最後在個案部分也會表現某種程度的「退回」（regression），可做爲結束的指標。

參照目前國內學期行事曆之現況，以及成長和治療本身具有螺旋性發展（一階段一階段往復）之特質（黃慧涵，民88），實際的做法上，可以8–10次左右做為一個周期的治療階段來考慮。其中，前面的1–3次，可視為是暖身期，4–7次則為真正的工作期，而最後的8–10次，則可視為是結束期（何長珠，民91）。影響次數與階段間之相對關係的主要因素，可想而知，一個是治療者的專業水準之高低；另外一個則是個案本身之有關資料，如問題的嚴重度、持久度、個案本身個性上的「緊」或「鬆」等。甚至治療過程中的突發因素，像家庭的變故、導師或班上同學的正向或負向刺激，都會立即影響到治療的狀況，因此，須一併納入瞭解。

二、治療者之任務

Cotton（1993）認爲遊戲治療階段性的任務有八項，分別是：

㈠建立期望與價值

也就是把社會中的標準，轉譯成爲當事人可以瞭解的、清晰的、符合發展階段的常規，如守時、不破壞物品、不偷拿東西等。

㈡解　說

說明或示範與上項規範有關的理由及行為，如不可以拿走遊戲室
的玩具，因為別人也需要玩（分享、公平）。

㈢鼓勵和抑制行為

經由口語和非語言（表情、手勢）等之交互作用，協助當事人瞭
解並增減某些行為之表現。如對沈默個案的一點點進步，都可以表現
出很專注傾聽之角色；但對一直東碰西碰的個案，則可於其表現出正
確、有效之行為時，才做出正增強。

㈣示範可接受和適應性之行為

如面帶笑容、態度從容、語氣和緩但堅決、友善的身體接觸（拍
肩膀等）。

㈤教導行為的後果

即在個案表現出行為上的改變時給予增強，同時並於對方持續出
現不適當行為時，給予抑制或自然結果之懲罰。

㈥鼓勵參與

像個案通常都會對錄影機產生好奇，此時可邀請個案來瞭解一下
機器的操作和拍攝。

㈦允許對方有做錯和修正的機會

即在過程中，不但接納其良好表現的部分，也接受容許錯誤之發
生，並示範處理錯誤的最好作法——正面處理之（不逃避、不否認、
不批判）。

(八)示範接納

即對已造成的錯誤（如打破東西、弄壞機器等），不但正面處理之，對造成錯誤的主角，如果是當事人時，也能表達「原諒、接受道歉」等行為。希望藉此能影響當事人，發展出同樣能寬待自己與別人的立場和生活態度。

最後，Moustakas（1955）對個案在階段中所可能經歷之改變做了如下的說明：

1. 遊戲中隨時流露出負面情緒（如沈默、抗拒、攻擊）。

2. 表現出曖昧不明的情緒，通常為焦慮或敵意（如挑戰治療的設限）。

3. 對特定對象，如父母、兄弟姊妹，直接表達出負面的情緒表現特殊的退化行為（如在扮演活動中，喊「打死你」的話語）。

4. 對特定對象，如父母、兄弟姊妹，表達曖昧的情緒（可能負面，也可能是正面的）。

5. 清楚、獨立，通常是由合乎現實的正向或負向情緒及態度主導其遊戲的過程。

Moustakas 認為，被困擾兒童的態度，不管是生氣、焦慮，其他負面情緒，都循著上述階段進展。他認為，經由這個獨特的人關係（遊戲治療），治療者須讓兒童表達及揭露出各個層面的情緒，然後才能獲得情緒上的成熟與成長。

柒

遊戲室的設備與玩具

一、遊戲室的位置

安靜、不打擾別人的場所，儘量不要與辦公室相連（隔壁）或相通（有門可通）。

二、遊戲室的大小

約為 3.5 公尺×4.5 公尺，也就是 14－18 平方公尺的範圍。當需要容納 3－5 個小孩時，注意不要太大（勿超過 30 平方公尺）或太小（少於 20 平方公尺）。

三、遊戲室的特質

1. 遊戲室應提供視覺隱私權，即無窗戶在朝外的牆面或門上。

2. 採用乙烯塑膠方塊地板是較理想的。任何全面鋪的地毯要避免（塊毯可），因為它的清潔非常困難。

3. 遊戲室牆壁應該用可洗性塗料粉刷，易清潔是一個主要的考慮，乳白等中性色系為佳。

4. 如果經費允許，可以加裝一面單面鏡及隱藏式攝影機和麥克風。

5. 父母親不應被允許觀察其孩子的遊戲（除非有特別考慮或進行親子遊戲治療）。

6. 遊戲室中最好有高度適中之水槽及一個冷水水龍頭的設備，不鏽鋼的槽面最為理想。

　　7. 一個底部有溝槽的黑（白）板，應該架釘在離地面約 45 公分的牆面上（勿超過大多數國小中年級孩子的高度），幾個板擦和若干色筆是需要的。

　　8. 最高的一層櫃面不應超過 90 公分。

　　9. 一間有小廁所的套房式設備，將減少兒童在遊戲治療單元中想上廁所所帶來的麻煩。

　　10. 遊戲室應選用堅固的、木製的、硬表面的兒童尺寸之家具，大致需要一張桌子及三張椅子，一張適合孩子身高的椅子，一個大約 60 公分高的落地儲存櫃，可用來放置顏料、黏土、指畫塗料等等。

　　11. 儲存櫃中可包含 20～30 個左右可拉出推進的抽屜，用來放置不同個案的成品。

　　以下所列出的六張圖片，係美國北德大遊戲治療中心的觀察室，可供參考（圖七之一至圖七之六）。

四、選擇玩具與器材的原則

　　選擇玩具及遊戲器材應該是符合安全、實用及經濟原理之考量。

　　由於「玩具是兒童的字彙，而遊戲是他們的語言」，所以玩具及器材（字彙）是不可少的設備。

　　下列的問題可做為選擇玩具及器材時的評估指標。

　　1. 助於廣泛的創造性表達（如各式各樣大小、材質之紙張）。

　　2. 有助於廣泛的情緒性表達（如水、沙、土）。

　　3. 吸引兒童的興趣（較新奇的玩偶、較少見的媒體）。

　　4. 幫助表達性及探索性的遊戲（如感受—故事卡）。

　　5. 不用透過言語就能探索及表達（如繪畫、積木）。

6. 無須指導便能成功地使用。

7. 提供不須表明立場的遊戲。

8. 有堅固的構造可任意地使用(木製或塑膠之產物)。

總之,玩具及器材的選擇應符合遊戲治療中的七點要素,那就是:

(1)與兒童正向關係的建立。

(2)廣泛情感的表達。

(3)真實生活經驗的揭露。

(4)試探治療關係中的限制。

(5)能促進正向自我概念的發展。

(6)自我瞭解的發展。

(7)提供發展自我控制的機會。

五、玩具的分類

1. 真實生活的玩具:如娃娃家庭、娃娃房子、人物及動物玩具。玩具收銀機則讓兒童在按鍵、數數時,很快地發展一種控制之感。汽車和卡車是兒童想要移動及探索房間的極佳媒介。

2. 行動化與發洩攻擊的玩具:結構化的玩具及器材如不倒翁拳擊袋、玩具兵、鱷魚玩偶、槍和塑膠刀都可以被兒童用來表達生氣、敵意或挫折。射擊、掩埋、啃咬、打擊和戮刺在遊戲室中是被接受的。Ginott(1961)並建議增加野生動物玩具。黏土是一個適合創造性及攻擊性的器材。

3. 創造性表達及情緒發洩的玩具:沙和水是兒童最常用的非結構性遊戲媒介,這對羞怯或退縮等緊型問題之兒童,尤其有幫助。

六、活動型遊戲室

使用得當，用有限的玩具及器材也能幫助兒童傳遞豐富的訊息及感情，而不用時亦可收納入一個塑膠盒，隨時可移動。下面所列的玩具及器材是進行一個遊戲單元最基本的要求：

- 蠟筆（二十四色以上）
- 白紙（A4、B4及壁報紙格式）
- 鈍頭剪刀及塑膠錘子
- 塑膠奶瓶
- 塑膠的刀叉、盤、碗幾個
- 洋娃娃（大、中、小三種尺寸）
- 黏土（彩色及水溶的兩種）
- 可發射子彈的槍（不同尺寸）
- 手銬及玩具鐵籠（小狗籠或鳥籠可替代）
- 玩具兵（至少約四十個）
- 小飛機、汽車、戰車、坦克、警車、船（若干個）
- 一手可握的小球（塑膠或布製品）、皮球（大小尺寸若干）
- 軟質可彎折的塑膠人（非特定人物造型）
- 棉繩、電線、手電筒
- 電話或大哥大
- 攻擊性及友善性的塑膠動物各若干（鱷魚、狼、恐龍、象、狗、牛、豬等）
- 手指可操縱的布偶幾個
- 娃娃屋家具及成員一套

七、遊戲室的玩具配置圖

　　遊戲室內的玩具配置，與幼稚園「角落教學」的概念近似。當情況許可時，布置成幾個角落是相當理想的設計，下面試提供一個假設性的配置圖例子（圖二）。

圖二　遊戲治療室的設計之例

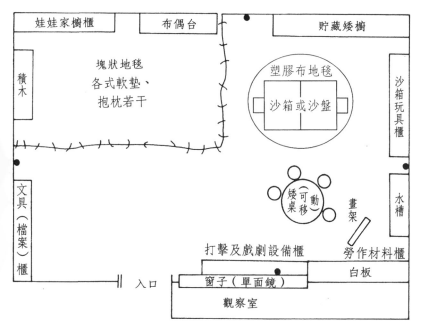

・點代表插頭的位置

　　為使用方便，作者另特別設計表七，供實務工作者之檢核參考。

表七　遊戲治療室的玩具檢核表

類別	項目（編號）	檢核處	說明
娃娃家	1. 娃娃屋 1 至 2 個		
	2. 臥室：床（幾個）、床頭櫃燈		
	3. 浴室：浴缸、馬桶		
	4. 客廳組具：沙發一套、餐桌椅一組、電視燈、鋼琴		
	5. 廚房：流理台、冰箱		
	6. 相稱尺寸之小人物一組（父、母、子、女、爺、奶、狗、貓）		
烹飪組具	7. 塑膠盤若干		
	8. 塑膠碗若干		
	9. 塑膠鍋若干		
	10. 塑膠刀若干		
	11. 塑膠叉若干		
	12. 塑膠食物（火腿、麵包、雞腿、冰淇淋、披薩）		
	13. 塑膠水果（蘋果、草莓、香蕉、木瓜）		
	14. 紙或塑膠製的飲料罐頭、調味汁包		
洋娃娃	15. 大、中、小尺寸各若干（衣服可穿脫的最理想）		
	16. 奶瓶、尿布		
	17. 電話組（包括大哥大）		
	18. 工作檯或娃娃屋（可有可無，視娃娃的大小而定）		

（續上表）

類別	項目（編號）	檢核處	說明
布偶	20. 動物布偶（手指可插入者）若干		
	21. 人形布偶（手指可插入者）		
	22. 布偶戲台（有最理想，可用厚紙自製）		
繪畫	23. 大小不同之紙張若干		
	24. 材質不同之紙張若干		
	25. 色彩不同之紙張若干（可包括色紙）		
	26. 文具一盒（刀、剪、漿糊、尺、膠帶、大頭釘）		
	27. 繪畫媒體（彩色筆、蠟筆、水彩、廣告水彩、油畫材料）		
	28. 工作服（不同尺寸）若干		
	29. 清洗工具（肥皂、毛巾、紙巾、海綿）		
	30. 舊報紙一疊或大片膠布一張		
	31. 畫架、舊雜誌		
積木	32. 塑膠積木（200片至500片裝）一盒		
	33. 木頭積木（大小尺寸各一，最為理想）		
	34. 軟木塊木板若干		
	35. 操作軟木塊所需之釘、鎚、鋸及厚帖板		
黏土	36. 彩色紙黏土1、2盒		
	37. 水黏土若干		
	38. 操作黏土所需之小型工具（如塑膠刀、板子、鐵練）及抹布		

（續上表）

類別	項目（編號）	檢核處	說明
沙箱	39. 標準規格之沙箱 1～2 個		
	40. 水杓		
	41. 小型玩具 40～45 個（如塑膠士兵、塑膠蔬菜）		
	42. 小型房屋若干（大小、顏色、材質各不相同最理想）		
	43. 各式交通工具約 10 件以上		
	44. 代表善與惡的塑膠動物 10 個以上		
	45. 小型人物（娃娃、和尚、天使、機器人）10 個以上		
	46. 小型陶土或塑膠做的花草樹木若干		
	47. 籬笆若干、乾松果		
	48. 小貝殼 10 個以上		
	49. 石頭、彈珠 10 個以上		
	50. 特殊組件，如燈塔、小兵器等，多多益善		
治療性玩具	51. 有性恰徵（畫出生殖器、孔房、尿道等）的娃娃男女各一個		
	52. 塑膠製的手槍、鐵鍊、鐵籠子一組、鑰匙		
	53. 塑膠充氣的人形不倒翁或拳擊袋		
	54. 大塊乾淨的棉桌布、可供躲藏或蓋房子用的		
	55. 可供變通的大木櫃或紙箱 1、2 個		
	56. 不同大小、質感的抱的（坐）墊若干		
	57. 錢（硬幣）及收銀機		
	58. 感受一故事卡		
	59. 手電筒		
	60. 拍立得照相機		
	61. 掛鐘		
	62. 簡易型錄音機及音帶		

八、安排設備之準則

雖然限於經費，大部分的實務工作者可能無法設計準備出如圖二或表七般理想的遊戲治療室。不過某些注意事項，仍是值得存之於心的，像：

1. 遊戲室的空間不宜太大或太空曠（照片一），因為如此會減少安全感。

2. 遊戲室不宜設在辦公室一隅（照片二），理由同上。

3. 遊戲室玩具的安排，不宜太亂或太整齊（照片三）。前者影響個案心情的安定，後者則使個案緊張，延緩其跨出第一步之時間。

4. 可參考的布置方式：在有限的經費下，要讓遊戲室具備溫暖、親切之氣氛、色彩，家具與空間之運用，是祕訣之所在（照片四）。利用學生各式各樣的繪畫作品來布置牆面，是很值得推薦的手法。相形之下（照片五），毫無裝飾的牆面和巨大的黑板，都會僵化遊戲室之氣氛，而使孩子不易放鬆。

5. 沙箱的擺放：在很多遊戲治療的案例中，沙箱是個案最易受吸引的媒體。但如何擺放，才最適當呢？以照片六和照片七來比，前者之優點是座位較為舒服，後者之優點則為具備二個沙箱，所以可以玩乾沙也可以玩濕沙；不過後者坐起來，可能不夠舒服。

而沙箱玩具的擺放，也有講究。依類別來放，原則上是比較理想的。至於內容部分，Dora Kalff（1980）之建議為七類，即：人、建築物、動物、架設物（橋）、植物、媒介（土地、空間）及各式各樣的象徵物如小兵、迷你小動物等。數目約在 150-300 之間；但

若能準備 50 個以上，其實就可以開始了。慢慢增添是很好的原則，下面介紹的是北德大沙遊室的小物件之圖片（照片八）。

圖七之一　入口處有勞作及戲劇服裝

圖七之二　屋中間為沙坑及大型娃娃屋
　　　　　右上方之黃色塑膠袋即 Bobo
　　　　　（發洩力量之彈性玩具）

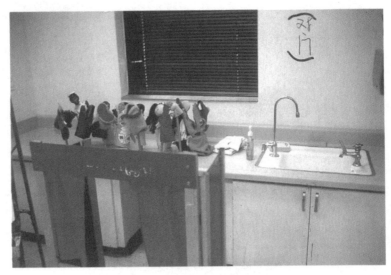

圖七之三　有洗手台及布偶架台

圖七之四　為動物（溫馴對兇猛）及各式大小之汽車

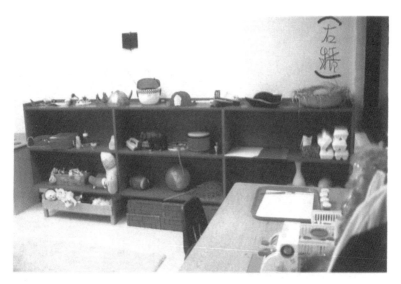

圖七之五　為裝扮道具及打擊樂器

圖七之六　從觀察室的角度看出（左邊之玩具室即前圖所在）

照片一

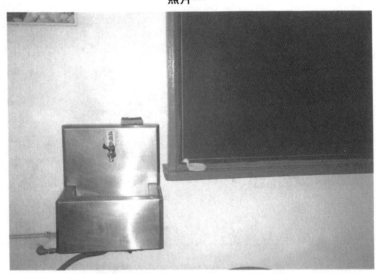

照片二

照片三

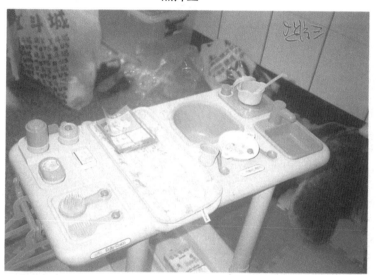

照片四

照片五

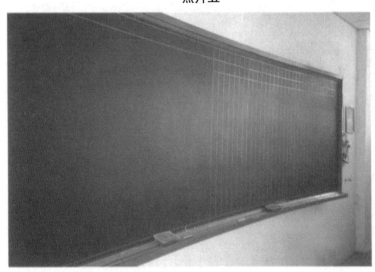

照片六

照片七

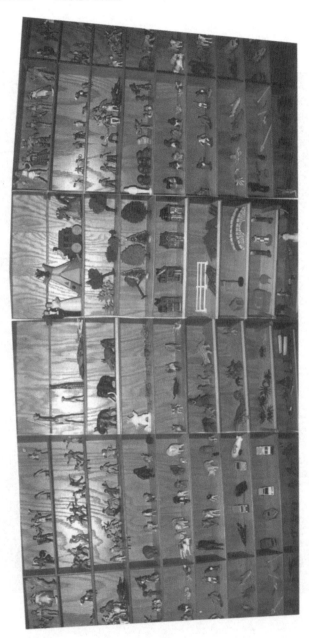

照片八

捌

遊戲治療的媒體
～沙遊治療～

　　遊戲治療之實施，主要是經由各種媒體（繪畫、舞蹈、音樂、積木、說故事）來呈現，其中，**兒童個案最常使用到的是繪畫及沙**。由於繪畫治療（又稱藝術治療）在國內介紹的書籍已經很多，因此在這將特別介紹沙遊治療，以饗讀者。

　　介紹沙遊治療，可分幾部分來進行。

一、沙遊的基本特質（Sandplay Therapy）

　　沙遊治療是一個利用裝滿沙子（白沙最理想）的坑，在其中排出沙景的活動，常常被用做治療的媒體（Stewart, 1984）。沙子對兒童而言是很具吸引力的，兒童用沙堆成隧道、山丘、走道及河床等，形成一個小世界，使自己投入沙子的遊戲之中。

　　沙因天然的小顆粒，具有柔軟易塑造的特質，又因其乾溼度的不同，而可提供不同的感覺，因而 Dora Kalff 認爲沙具有自然的、原始的元素。在沙戲中，Dora Kalff 以乾沙及溼沙兩箱沙子，提供案主不同的選擇，每個箱子大小是 28.5×19.5×3 英吋，箱子是開放不加蓋，內部漆上藍色，代表水或天空，並提供一百多種小玩具，代表所有外在世界的動物及非動物的影像，以提供內在世界的外在圖象表達。

二、各學派的看法

　　沙遊的主要目的有二：一是被用做診斷的工具；二是它是一個治療的方法。以下是各治療學派對沙遊治療的看法：

　　1.行爲治療者視它爲一種診斷工具，用來診斷其起點行爲及適

應不良之症狀（Amster, 1982）。

　　2.精神分析之治療者用它來發現潛意識中的衝突（Lowenfeld, 1967）。

　　3.從容格（Jung）觀點而來的沙遊治療：

　　　(1)容格學派之治療者用它來檢視個體化（individuation）之過程（Dora Kalff, 1980）。

　　　(2)Stewart（1982）視 Kalffian 的沙戲爲容格心理學的一種經驗性之擴大（容格視遊戲爲象徵性來源的一種創造性使用，「象徵」代表個人與集體潛意識之原型）。

　　　(3)Adams（1991）認爲沙戲聯結了現實世界中的意識與潛意識。

　　　(4)Bradway（1987）也同意沙戲是一種主動想像的過程。

　　　(5)Dora Kalff 認爲沙戲是一個自然催化的過程。於其中原型的、象徵的和人際間的世界得到互融，並反過來影響每日的例行生活。

　　4.完形學派的治療者可能會用它來區分背景及形象，並且透過一些規則來解除其對立之狀況（Oaklander, 1978）。

　　5.個人中心學派之治療者則可營造出接納之氣氛，使得兒童達到自我調適及自我實現（Axline, 1971）。

　　6.家族治療之治療者則會利用沙子，使兒童藉其來表現出家族系統之邊界、結構及功能障礙之部分（Orgun, 1982）。

三、沙遊的優點

　　沙遊可以許多方式來運用，並且具有相當多的優點：

　　1.在玩沙子的過程中，由於運用到雙手，所以左右兩半的大

都會接受到刺激。這種治療的最大好處，是使整個人都參與到治療過程中（L. Craig, 1985）。

2. 沙游是一個相當容易的治療媒體，因為它不像藝術或戲劇一般那麼需要特別的技巧和天份（D. Johnson, 1986）。

3. 內向的孩子傾向在其內心世界活動、思考及感覺，使得他喜歡獨自完成沙景的建構；而外向的孩子傾向用說故事的方式表現出來，也比較喜歡向外界環境進行探索。這樣的孩子不會只因說故事而感到舒服，他需要藉著說或討論沙景以釋放他的想法及感覺。

4. Dora Kalff 推崇沙的治療功效，並且因其與自然之母——大地的接觸及非語言的特質，在在使沙遊治療具備聯結意識與潛意識，療慰早期創傷而同時呈現具體資料給治療雙方的功效，Dora Kalff 認為一旦早年自我的凝聚作用（constellation）未曾完成，則在其一生中，這件事（ego－self connection）將持續進行。

四、沙遊治療的歷史背景

1. H. G. Wells（1911）在其著作《地板遊戲》（Floor Games）一書中，首次提到以小兵為媒體的地板遊戲。後來逐漸改良，而發展成為沙遊治療此一領域的工作。Wells 的地板遊戲是敘述他和兩個兒子（一個 10 歲，一個 8 歲）玩的迷你事物。《地板遊戲》一書可說是合小孩看的書，盒子裡有小房子、人物、動物、阿兵哥、船、火車等，這些物品可以玩兩個主要遊戲——「神奇島遊戲」和「蓋城市的遊戲」，該書並詳細描寫其玩法。

觀察到兒子們在遊戲中所得到的「奇妙的愉快」之感覺，Wells 相信遊戲能促進成年期廣泛的創意。

2. Margaret Lowenfeld（1939）將 Wells 的觀點應用在心理學上，而成為「世界技巧」（world technique）的創始人。

她在倫敦的兒童心理機構中設立沙盤、準備塑造的器具，還有裝在箱中的玩具。把玩具和沙子一起使用，Margaret Lowenfeld 稱之為 "The World Technique"。

3.1951 年由 Charlotte Buhler 把沙遊的理論傳到美國。

4.Dora Kalff（1966, 1981）對於沙遊的理論形成、發展方法及訓練人員有很大影響。她認為健康的自我（ego）是兒童最重要的發展任務，而自我受到母─子的關係影響很大，從出生一直到 2、3 歲是重要時期。有困擾的兒童往往是經歷那些依附的創傷而損傷了自我功能。在沙戲中，兒童有機會去療傷並且藉由幻想的表達去發展自我控制的能力。

五、沙遊治療的實際作法

㈠沙遊包括兩部分

1. 第一部分是孩子建構沙圖（Dora Kalff, 1980），治療者簡單地邀請孩子建造一幅沙圖，然後安靜地坐在一段距離之外觀察孩子的行為。有些小孩比較難開始行動，於是治療者可以對他說：「閉上你的眼睛，想像你在家中。現在將你心中的景象建造出來。」（Oaklander, 1978）。

2. 第二個部分便是治療者可以請孩子說說有關沙景的故事（Dora Kalff, 1980）。若孩子無法用語言表達得很清楚時，可用些開放式問句，將其沙圖及現實生活做聯結。例如：

(1)這個景如何讓你想到你家？

(2)如果你是站在人羣中的小男孩，你會有什麼感覺？

(3)爲什麼你認爲這個小嬰孩是一個人獨自在角落裡？

(4)這個爸爸和家中其他成員分開，你認爲那些孩子會有什麼感覺？那媽媽呢？爸爸呢？

(5)如果讓他們都聚在一起，你覺得怎麼樣？

(6)你希望發生什麼事情？

(7)如果你可以改變整個沙圖，你會想改變那些東西？

(二)向當事人介紹沙遊

Dora Kalff 認爲沙遊不應該在一種被介紹的情境下創造，因而在第一次治療時，Dora Kalff 通常是問案主「要不要玩沙？」除非案主過於抗拒，或是成人案主覺得玩沙是小孩的遊戲。此時 Dora Kalff 才會說明沙遊的目的是提供心理意象，具有重新平衡及提供個人整體感的重要特質；而不只是退回兒童時期的玩要，以增加案主進入沙遊的意願。

在案主開始時，Dora Kalff 會說明藍色代表水或天空，並建議案主在沙盤中擺入任何想放入的東西。邀請當事人檢驗陳列的玩具，並找出他（她）覺得最有感覺的（speak to you）小物件拿出來排列。Bradway（1981b）則間或使用此種方式，而把重點放在放鬆氣氛之營造。

在使用的對象部分，兒童是最沒有抗拒的。成人及青少年羣體，則需花費較多的時間或解說，來使之進入狀況。

(三)過程觀察

Charlotte Buhler（1951）發展研究出記錄遊戲治療的主題之觀

察格式。Reed（1975）則針對兒童做出相關分數的研究。在遊戲治療的過程中，治療者可以做成記錄或繪成相關的分析圖；並在最後一次的會談中，出示給兒童看並加以討論。

1. 沙遊之意義：

(1)沙遊提供了再次經歷個人經驗的機會，在對沙圖做反應之後，孩子或許會想改變它。在重組之中，即是孩子試圖戰勝他的困惑、衝突及獲得生存技能之成長（Frank, 1982）。孩子藉由遊戲可以釋放在真實世界之中所發生的緊張、挫折、不安全、攻擊、害怕和迷惑。

(2)在過程中，除非孩子重組沙圖，否則沙圖是不拆除的。若拆除了它，則會破壞了其完整的創造力及孩子內心世界與治療者的聯結（Estella Weinrib, 1983）。

2. 作品的保存：圖畫、文字描述及照相都曾被使用，Enid Koshning 曾發展出一種簡單、格式化的方式來描述。

我們建議每幅作品都要拍照下來，並給予孩子這個生動的完品。孩子經由成品的相片得到正增強，並且可以藉著它來討論過程沙圖的任何改變。這些照片也可以成為治療者的評量工具，用來解晤談的三個步驟及治療結果（Gumaer, 1984）。第一張照片呈現期諮商中，孩子在沙中表現其問題；中期部分呈現出孩子對於問題想法及情感；第三階段的照片則著重在孩子對問題之解決。治療者於個案離開後，將成品拍照存留，以備案主在結束數月或數年後，意回顧其所有的創造歷程時之用，藉以瞭解其象徵意象與外在生活的聯結。

六、沙遊的解說

　　對大多數這方面的工作者來說，對沙盤資料之解釋的主要依據，應是對圖象象徵意義之理論瞭解、過程之觀察、直覺加上同理的結果。

　　在統整有關文獻後，有六個方向的考慮，可納入這個範疇的工作之中（見表八、圖三及「第一次創作訪談大綱」）。

七、沙遊的評量標準

　　Bowyer 使用下列五項標準來評量沙盤：

- 沙盤使用的範圍。
- 攻擊的主題。
- 沙盤的管轄與連貫性。
- 沙的使用。
- 內容。

其研究之發現如下：

㈠沙盤使用的範圍

　　正常受試者所建造的世界中，隨年齡增加，沙盤使用的範圍變大。較年長的兒童會更清楚把東西放在邊界之內，來顯示沙盤的界線。舉例來說，年紀最小（2－3歲）的受試者只會用到少部分的沙盤，而忽略了沙盤的界線，有時還會放一小堆玩具在沙盤之外。4－歲的受試者處於過渡階段，有些會用一小部分沙盤，有些會間隔地把玩具擺遍沙盤。5歲以後的受試者中，正常適應的受試者會將其世界延伸至整個沙盤，而有心理困擾者的沙盤則常只使用一部分的沙盤。

表八　沙箱解說之向度

編號	觀察向度	解說
	一、沙盤之形成	
1	當事人感到有興趣／抗拒的程度？	
2	所選的是乾沙／濕沙？(Bradway, 1981b)	
3	當事人與沙盤中所形成之位置？(Weinrib, 1987)	
4	使用沙和水的方式、比例、過程？	
5	小物件擺放之方式、速度、態度、安排／變動與選擇 (Dundas, 1978)	
6	完成後的沙盤是一個過程抑結果？(Rhinehart and Engelhorn, 1986)	
7	當事人創造其沙盤時的情緒狀態有無變化？	
8	在解釋個人沙盤時，所說的話和感受受爲何？	
編號	二、沙盤之內容	
1	對所選用玩具的象徵性意義（如青蛙既表示「水陸兩棲」，也可表示有「王子」的意義）	
2	使用玩具： (1)種類之多少 (Bradway, 1981b) (2)面對之方向 (3)遠近之距離（與當事人）(Aite, 1978) (4)統整與否 (Furth, 1988) (5)所使用玩具項目間的聯結度 (6)對立性之使用程度 (Stewart, 1981)	

（續上表）

	觀察向度	解說
3	玩具安排所形成的空間之意義（如與人體部分之相似性、自沙盤中孤立出來之空間、聯結兩玩具所形成之空間等）(Kalff, 1979)。	
4	五項元素（空氣、水、土、火、風）之使用次序及象徵(Amatruda, 1991; Baldrige, 1990; Berry, 1989)。	
5	沙盤所提示出來的發展性階段（如Neumann, 1973所提出的植物性、爭鬥和集結階段）、Piaget的階段(Jones, 1986)及Erikson的階段(1963)。	
6	沙盤的結構：垂直的、水平的或斜角的使用方式、空間的使用、組織和混亂之程度、角落的運用(Kalff, 1981b)、沙盤中心之運用、項目間平衡/不平衡之程度之象徵性、特殊象徵之使用(Furth, 1988)。	
	三、沙盤的發展性觀察點：在觀看一系列進行的沙盤時，治療者覺察的不僅是進步/退化之曲線，同時也是潛意識、個人原型(archetype)引發的層次(Weinrib, 1989)。思考下列之問題因此是有效的。	
1	沙盤中所呈現的運動，未來是不是一種固定的狀態？	
2	是否有任何增進的平衡或中心性？(Bradway, 1987)	
3	中心項目之放置與角色上是否有一種變化？	
4	是否有一、二個主題顯示出來？	
5	主題是否經歷出生、轉換或死亡之情境？	
6	象徵性之內容有無改變？(Bradway, 1979)	
7	沙盤是否具有保存之功能？(Bradway, 1979a)	

（續上表）

觀察向度	解說
四、沙盤所呈現之故事：當事人在沙盤形成之過程中，往往會伴隨以一些故事。此時仔細傾聽其象徵性之內容、情緒的紛擾，主題和故事的解決，無疑將有助於內在歷程中頓悟之獲得（Kawai, 1992）。	
五、治療者感受之反應：在沙盤的進行過程中，治療者感受到的反應，應是與當事人的感受一樣重要的，是訊息或發現之來源。	
六、第一次沙盤完成品之意義：很多治療者對第一次或第二次沙盤之完成品，賦予重要意義（Crabl, 1976）如：	
1. Pickford (1975) 甚至認為一個人的特殊問題常出現在第一次的沙盤世界中。	
2. Friedman (1987) 建議在第一次沙盤結束後，可詢問如下的問題，像能量點在哪？困難在哪？有力量或協助的資料呈現？有哪一種問題呈現？	
3. Kalff(1988b)指出第一次沙盤常出現如下資料：像當事人對治療者之感受，其與潛意識之關係，個人的問題及可能的解決。	
4. Weinrib (1989) 則認為，有時候第一次沙盤只是一場美麗的表演，要到第二次沙盤，問題才會出現。	
5. 目前在沙盤討論中，最引起注目的是「四分法理論」(quadrant theory)的問題（即把沙盤分為四，分別代表對立之觀點，如父／母，正／負，意識／潛意識，生／死等）。雖然有些治療者對此類分析已念來態持保留的態度（如Ferth, 1988; Kalff, 1988b），有一些治療者（如Aite, 1978; Ammanm, 1911; Ryce－Menuhin, 1992; Weinrib, 1983a; Zeller, 1979）則仍主張藉此種作法，來切入處理當事人紛雜（圖三）的資訊。	

圖三　沙盤的空象徵圖

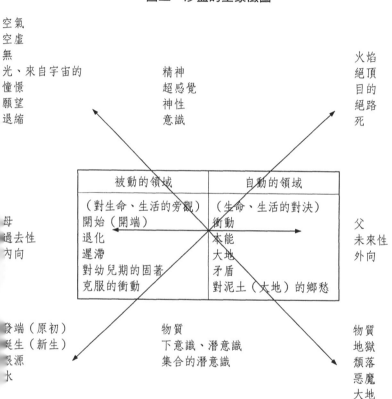

資料來源：Gurunwald 的空間象徵圖示
Kach, K. Der Baumtest (1976, 7th; 1949, 1st)
（邱敏麗提供）

第一次創作訪談大綱（沙遊治療訪談注意事項）

（何長珠，民91）

訪　談　問　題	回　　　答
1. 整幅作品中，你最滿意的是什麼？	
2. 這些小物件之中有那幾個對你最有意義？那是什麼？	
3. 在創作中，你曾經做到那一部分，突然停下來？是什麼原因讓你停下來？	
4. 這是一幅完整的作品嗎？它所代表你內心創作完成度的百分之幾？還無法表達的是什麼？	
5. 這次你來參加沙遊治療？如果有機會可以處理你個人的問題，你最想處理的會是什麼？	

〜沙遊治療訪談注意事項〜
Bradway & McCoard 最後案例報導中的沙遊治療注意事項
—Sand play-silent Workshop of the Psyche, 1997, Routledge, 215-216—
（何長珠，民 91）

一、在治療者部分，應對如下條列作重點性的掌握：

項　　目	是／否	說　　明
1. 接受並尊重個案的獨特性		
2. 尊敬與潛意識的關係		
3. 同理並欣賞過程的發生		
4. 尊重個案自我療癒的潛力		
5. 對個案過程的不闖入（non-Intrusiveness）立場		
6. 瞭解並尊重在宗教、文化、性別上的不同立場		
7. 瞭解不同性別在不同年齡所遇到的不同生命任務		
8. 充分瞭解應做轉介的條件與時機，注意藥物及近親強姦的徵候		
9. 有能力應付緊急狀況		
10. 有能力認知「移情」的發生作適當的處理，知道何時該去尋求諮詢		
11. 瞭解尊重治療者和個案間的疆界，能保持溫暖而適當的距離		
12. 對有關專業倫理上的細節的掌握		
13. 在做紀錄上的紀律		

二、督導時，除了上項資料外，以下十二點的資料，也是可以一併列入思考的：

項　　　目	說　　　明
1.個案已自（沙遊）得到協助之證據	
2.有能力去瞭解沙盤中的下列資料： ⑴個案個人生活的經驗 ⑵個案被養育長大的文化 ⑶原型的意義 ⑷同一物件在沙盤中出現的意義 ⑸排列項目出現的先後順序 ⑹與治療者、治療室間的關係 ⑺對個案本人立即性的意義（通常要到做治療回顧時，才能得到）	⑴ ⑵ ⑶ ⑷ ⑸ ⑹ ⑺
3.有能力瞭解個案如何使用沙盤來表達其對治療者的愛恨感情，以及治療者此時之角色為何	
4.瞭解沙盤不同系列間所表達的意義，像：使用沙的平滑程度、三向度空間、疆界之改變、物體彼此間的關係、主動與靜止間的關係、混亂對和諧之程度……等	
5.有能力連結沙景和夢、外在生活、過去經驗、家庭問題、相互移情及物理環境間的關係	
6.能根據容格、Winnicott 及 Klein 等人之理論來形成解說之依據	

7. 正確的使用原型、象徵、陰影、自我、曼陀拉（mandala）及超越（transcendent）等概念	
8. 瞭解其他常用的解釋架構，如練金術、瑜珈的穴道（Charkras）、神仙故事和神話，並連結到個案臨床上的資料	
9. 避免根據條列式診斷性資料來對個案情況作片段性的解說	
10. 能摘要統整沙盤遊戲的過程，使成為一種有意義的內在歷程	
11. 簡化	
12. 不被照片的清晰性、標題的說明、註解的正確與否而影響個人的覺察太多	

(二)攻擊的主題

　　Ruth Bowyer 研究不同年齡所處理的攻擊之主題。2－3 歲的受試者，其玩具通常被戳、被拋和被埋。4－5 歲的受試者會有戲劇性的活動，在盤子裡移動玩具時，會弄出一些聲音。7 歲以後的受試者能在沙盤裡安排玩具表示攻擊的行動，而不是到處移動玩具而已。12 歲到成年期的受試者，主要是在認知上察覺到自己的攻擊情緒，並在其中描繪這些情緒的內容。另一個發現是 8 歲以下，同年齡的沙盤顯示極大的相似性；直到 8 歲以後，沙盤的個別差異才愈明顯。

㈢沙盤的管轄與連貫性

Ruth Bowyer 發現沙盤的管轄與連貫性，在正常受試者的世界中，隨年齡而增加。2－3 歲的受試者，很少或沒有表現什麼管理，其世界常亂成一團。3－4 歲的受試者，會在盤子的各處做成有連貫的細節。5－10 歲的受試者會加上籬笆；10 歲是使用籬笆的高峰年紀。11 歲以後的受試者，較少使用真實的管轄（像籬笆），而使用較多概念的、象徵的管轄（像警察）。在 11 歲以後的受試者，管轄的爭議也在對沙盤完形的觀察看出，這個年紀會把複雜的管轄型態、主題當做一個整體出現，例如高山和河流這類地理表徵會放進沙盤裡，來管轄和統一整個場景。

㈣沙的使用

Ruth Bowyer 討論 2－3 歲的受試者，會將沙拿來傾倒、推擠、掩埋。7 歲以上的受試者，會把沙做建設性用途（建造道路、航道、沙地小徑），這些都視個人人格特質而定，跟年齡差距無關，而且看出重組或擴展沙盤時，想像的內在資源的成熟作法。

㈤內　容

隨年齡的增加，尚實的傾向增加，玩具更能整合性地放進場景中，也包含時間觀點的主題。有些特定的玩具和主題會出現，例如有的年齡層（除了兒童用動物當人，或有的人用叢林來表示之外）會用到人；5 歲以前吃的主題非常普遍；5 歲以後會用到農場景象；5－8 歲之間，對交通工具有強烈的興趣；7 歲開始會一致用到樹。Ruth Bowyer 並認為下列三種沙盤的排列方式，暗示治療的需要：

1. 當受試者的世界不能反應適當的發展階段時。

2. 當受試者有意識地使用材料來傳達問題時。

3. 當在沙盤中出現 Charlotte Buhler 所提到的徵兆時：

(1)「空空的世界」（除了極年幼的兒童例外）。

(2)「解組的世界」（除了在玩材料的幼童例外）。

(3)「攻擊的世界」（除了一般各年齡層常見的攻擊方式例外）。
另外要注意攻擊的徵兆，包括攻擊性的動物、把東西埋在沙裡（5歲以後）、把玩具關入或擠入一小塊地方（5歲以後）、一個從無攻擊的世界，當事人在其他情形下表現攻擊行為或是相反的狀況。

(4)過度用柵籬圍起來的世界（例如誇張的籬笆）。

(5)沒有人住的世界（除了幼童把動物用來代表人之外）。

、沙遊治療的階段與特徵

當遊戲展開，兒童即開始進入：*混亂→掙扎→解決困難的循環*。

㈠混　亂

在這階段中，兒童會把 10－300 個玩具埋到土裡，沒有秩序而是混亂無章的。玩具並不是經過慎重地選擇，可能少掉動物、植物、人，土地也可能是乾旱不毛的……。

這個階段反映出兒童對物及情緒上的混亂狀態。兒童在這時候，我可能飽受沮喪情緒的衝擊。這種狀況將會出現在初始階段的 2－次諮商中。

㈡掙　扎

在這階段裡，有許多戰爭的發生，像怪獸和怪獸、機器人和軍的戰爭……等，充滿了破壞、爆炸性的活動。通常一開始是消滅的，沒有勝利者，死亡者被遺棄於一堆；經過幾個星期後，戰爭變更強烈且有組織，掙扎較平衡，敵人不是被殺死就是被關起來，而也出現了英雄在戰爭中勝利地對抗邪惡的力量。

㈢解決困難

在此時期，一切似乎回歸常態。大自然、人及生命的運作都規且平衡。治療者可於此時感受到兒童對外在世界的接受與內在問題解決。所以沙盤的世界實具有其秩序性及整合內在驅力的功能。

【學校老師對沙遊治療之反應】
當兒童經過沙遊治療後回到學校，老師的一般反應是學生在情緒上較自如、鎮定、快樂且富幽默感。兒童對老師所訂定的規範較有反應與遵循，也比較能投入於學校功課的學習上，可見內在的紛擾，的確已某種程度的得到了處理。

九、治療者之角色

在治療氣氛上：

1.治療者在提供安全氣氛情境上扮演重要角色。多數治療者調無條件積極關懷和減至最少的口語反應。因為在遊戲過程中不但現內在的心理問題，同時也產生內在的治療和成長。

2. 不要強迫個案一定要玩沙子遊戲，也許是對方尚未準備好要將心中的緊張、困擾及衝突顯露出來。

3. Dora Kalff（1981）提出警告：「**解説**」**在治療過程中不具必要性，而更需要以尊重的態度觀察**。治療者對於過程的態度應是積極、專注的，但非引導與帶領。

4. 在沙遊中，治療者所設定的規則是很少的，視個案的需要而定。

5. 沙遊的氣氛同時需要自由與安全（Estella Weinrib, 1983）。接納還是最基本的原則。治療者的接納可以鼓勵個案自由表達他所經驗到的。因此應給予個案完全的決定權，像要建構什麼樣的內容及如何運用玩具。

6. 象徵的意義是任意且武斷的，所以**不要替當事人提供該象徵的意義**（Jung, 1964）。對一個人或一羣個體而言，每一個象徵都具有其特殊的意義，所以我們該尊重對方自己的詮釋。

7. 治療者無須太急著爲沙圖做出聯結或解釋。過早的錯誤解釋，會限制對方往後能在沙遊中所表達出來的意義。所以治療者應採用個人中心學派的技術，如重述、同理式反映等，以確認及澄清對方企圖在沙景中表達的意思。

重度情緒障礙的個案是不適合做沙遊治療的。因爲彼等無法對真實世界與想像中的世界做一明確的區分。有時是幻想的困擾，但在沙遊之中看起來卻像是眞實的（Dallett, 1982）。

十、沙遊治療的實徵研究

經整理後，有關沙遊的實徵研究資料如下：

1. Margaret Lowenfeld 於 1928 年應用世界技法（world techn[i]que）於兒童輔導，後發表了其中的三個案例（Margaret Lowe[n]feld, 1979），其中一位是 10 歲女童（家庭和學校的人際關係佳），另二位是 7 歲男童（有暴力攻擊的行為），輔導之後問題行[為]有顯著改善。

2. Yamanara（1969）治療一名 10 歲男童（有學校恐懼症），結果該生能到學校上課，並和小朋友一起玩。

3. Yamanara（1970）治療一名 8 歲男童，其問題是在學校過[度]沈默（school‒mutism）。經過 3 年的治療後，該生開始說話，和同學正常溝通。

4. 在年齡、智力與性別所造成的差別上，Kamp 和 Kessl[er]（1970）提出四種圖形：(1)實際的形象；(2)描述的圖形；(3)以[成]行、成列的方式呈現的圖形；(4)沒有什麼意義的圖形。並發現年齡[愈]小的兒童愈出現沒意義的圖形；智力愈高的兒童，愈能呈現超出其[年]齡平均的圖形；女孩比男孩使用較多不同種類的玩具人物。

5. Suga（1976）治療 10 歲男童，其過度活動（hyperactive）[的]情況有明顯改善。

6. Aeki（1976）治療 11 歲男童，其有強迫性人格，且生理上[有]頭疼，在家庭與學校方面人際關[係]不佳，結果在沙遊治療中常出現復[仇]的主題。

7. Noyes（1981）對 2－6 年級低成就兒童進行沙遊治療，發[現]可增進兒童閱讀能力、改善身體症狀與問題行為。

8. Noyes（1982）及 Frisky（1987）的研究，指出沙遊可促[進]孩子的身體、社會情緒和學術的發展。

9. Allan 和 Berry（1987）的個案研究發現，沙遊的開始都有

見混亂、掙扎、有組織戰鬥之圖形，而在終結時，則出現重複的混亂狀況。

10. Vinturella 和 James（1987）在學校使用沙遊的發現是有助於溝通，但不適宜情緒極端困擾的孩子。

十一、目前在學校中之應用

沙遊應用於學校的重要性，已屢見於文字（Allan & Berry, 1987; Vinturella & James, 1987; Currant, 1989），並被認為有助於生理、社會、情緒和學習上之發展（Melntyre, 1982; Frisby, 1979）。Watson 指出學校教師之角色，應不在於治療或解說（事實上最好不要加入），而在催化想像性遊戲及潛能之激發。

1. Allan 及 Berry 個案的研究（1987），指出沙遊過程經歷的混亂、掙扎和解決問題的重複階段，並確定在學校輔導工作中，可釋放被拘束之能量和催化自我治療潛能之功能。

2. Vinturella 和 James（1987）兩位研究者以折衷方式使用 Margaret Lowenfeld 觀點之沙遊於學校系統的研究中，發現沙遊治療既可做為診斷，也可做為治療工具；不過不適用於情緒極度困擾之對象；同時一個固定的解釋類型也是極不適當的（不如用個人中心學派的技巧，反而較有彈性，也較能容許當事人主觀解釋之存在）。

3. Noyes（1981）是一所公立學校的教師，他應用一對一方式之沙遊於班級情境，以協助學生學習和心理問題之改善，結果發現無論是學習進步或心理成長（較深之關係和親密性、自我價值之增進）上，都有改善的趨勢。

4. 特教部分之研究例證有 C. Belzer（1981）對 11 個 4、5、6 年

級（年齡 10－13 歲）學生的實驗。其方式爲在教室之一角，安排一個半開放的環境（二個沙盤及迷你玩具架），每個學生一週有一次沙的機會。她的研究證實學生在學習的專注性與接受度上均有增加，並且在玩完之後，表現出較平靜的情緒和較佳的教室參與功能。

　　另外一個與 Dora Kalff（1980）、Allan 和 Berry（1987）相的治療歷程（混亂、爭鬥、混亂、統整）之肯定，亦在此研究中得證實（有 1/2 的學生達到此點）。

十二、沙遊的現在與未來

　　1970 年後，沙遊治療的早期先鋒逐漸老成凋零，如 Margar Lowenfeld 生病、Charlotte Buhler 退休、Hood－Williams 雖繼 Charlotte Buhler 的志業與機構（Institute of Child Psycho gy），但仍難吸引大眾對其方法的繼續興趣，取而代之的是 Do Kalff 引自容格象徵觀點的沙遊治療。K 氏不但能引發使用者的好 與想像力，並以其精邃的心理學素養，把沙盤所呈現的資料，賦予種深度性的解說。隨著她的代表作 "Sandplay"（1980）影片及 "Sa Spiel"（1972）一書之出版，驅使更多的臨床或教學研究者投入此域。

　　另外兩本具有舉足輕重之影響力的著作：一是 Ruth Bowye 1970 年所推出的 "The Lowenfeld World Technique"，另外一本負於 Margaret Lowenfeld 死後才推出的——"The World Techniq（1979）。這三本書匯集所產生的影響力，便是 1970－1990 年 主要的沙遊治療之理論和實務的依據。

　　到目前爲止，Dora Kalff 之跟隨者仍避免以量化及控制研究

方式來瞭解沙盤。不過不同方式的研究仍在進行，如 Miller（1982）調查沙遊的使用現況；Abel（1985）及 Hedberg（1988）研究圖形的特殊意義；Fujii（1979）企圖瞭解沙遊技術的效果，以及 Bradway（1979b）和 Stewart（1981）比較特殊羣體間之異同等。

　　Pickerford 在 1992 年的文章中，提出沙遊可設計為可攜帶之方式及使三、四人共同作沙等改革性之作法。其主要發現為大多數輔導社工單位，均已納入此項設備做為輔導資源之一。

　　沙遊運動的主要組織為 International Society for Sand Therapy（ISST），係 Dora Kalff 於1985年所創設，其他重要創始人物包括: Dr. K. Bradway（Sausalito, California, USA）、Prof. Kazumika Higuchi（Kyoto, Japan）和 Prof. Hayas Kawai（Naraushi, Japan）、Estella Weinrib（New York, USA），J. Ryce – Menuin（London, England）等。資格經歷照審定後可成為會員，目前全世界有約 60 位會員，現任主席為 Hayas Kawai（Dora Kalff, 1990）。美國部分之會員亦兼屬美國沙遊學會（Sandplay Therapists of America, STA）之範圍，主要領導人物分別為 Dr. Bradway（北加州）及 Estella Weinrib（紐約）兩地容格學派之治療者。STA 有一份半年出的刊物——Journal of Sandplay Therapy。地區性的組織則以南、北加州、夏威夷及明尼蘇達最為活躍。Bonnie McDean 也出版了一份季刊物的新聞信，稱之為 "Sandplay Events Newsletter"，提供各種工作坊及相關活動的訊息，其聯絡資料為 Sandplay Therapists of Amrica P. O. Box 4847 Walnut Oreek CA, 94596。

　　另一方面，台灣的沙遊協會，也於 1991 年 5 月在台北勵馨中心創立，由梁信惠擔任首屆會長，本書作者也忝為首屆理事之一。目前會員約 30 位，均在受訓成為沙遊治療師之過程中。其聯絡電話為 02－2550-9595 轉 629 余。

　　最後，沙遊小物件之購買，應是工作上的一大任務，網站上之資料很多，此處僅列舉一、二，以為參考。

1.www.playrms.com，Fax：（0021）707－763－8353

　mary@playrms.com

2.Toys of the Trade

　www.toys of the trade.com

　toytrade@yahoo.com

　Fax：（0021）866－803－3781

沙遊小物件清單（85 項）

（2002，何長珠）

類型	名稱		說明	類型	名稱		說明
一 人物	1.普通人 2.軍人 3.卡通人物 4.古人	5.特殊人物(新 　神父、和尚…) 6.其他(死人 　、嬰兒)	(現實/幻想)	二 動物	1.天上的 2.海裏的 3.家畜/禽 4.上古(恐 龍)	5.其他 _____	(溫和/兇猛)
三 植物	1.樹 2.草 3.花	4.枯枝/花 5.其他 _____	(材質真/假)	四 礦物	1.石頭 2.貝殼 3.寶石 4.水晶 5.化石	6.金、銀、銅、 　鐵 7.其他	(天然/人造)
五 建築	1.房屋 2.籬笆 3.橋 4.木塊(積木) 5.電線杆 6.草地 7.廟宇、教堂 、金字塔	8.磁磚 9.假山水池/ 　水井 10.其他(醫院 　、學校、警 　察局…)	(正常/特殊)	六 交通 工具	1.汽車 2.腳踏車 3.機車 4.火車 5.飛機 6.船 7.戰車(坦 克…)	8.嬰兒車 9.馬車、三 　輪車 10.其他 _____	(快/慢)
七 家庭	1.沙發 2.桌椅 3.床櫃 4.廚具或餐具 5.電視/電腦 6.盥洗用具 7.樂器(鋼琴…) 8.電話/手機 9.鏡子 10.冰箱	11.酒瓶 12.電器用品 13.垃圾桶(杯 　/碗/盤) 14.食品(水果 　、蛋糕、 　冰淇淋…) 15.其他 _____	(客/廚/臥/浴)	八 特殊	1.阿拉丁神燈 2.水晶球 3.墓碑 4.骷髏 5.各式神像神位 6.蠟燭、鞭炮 7.彩帶 8.羽毛 9.手銬 10.刀槍危險物 11.聖誕用品	12.魔毯 13.香水香料 14.祭祀物品 　(香、紙錢) 15.十字架 16.醫療用品 17.錢幣 18.古堡 19權杖 20.其他 _____	(常見/特殊)
九 運動	1.籃球 2.桌球 3.羽球 4.游泳 5.慢跑 6.網球	7.登山用品 8.打獵 9.跳水/傘 10.其他 _____	(常見/特殊)	十 其他 (列舉)	上述沒有包括到的		

玖

遊戲治療之過程督導

　　此部分之資料，主要係採自第拾章中作者於 86 年度對 24 位彰化國小輔導老師所進行的爲期 15 週（每週 3 小時）的遊戲治療工作坊之督導資料而來。其方式爲每組主題錄影帶之觀看（各 10 分鐘）及回饋之給予，其中個案基本資料及課程內容如下頁（見表九）。

　　同時爲協助對處理技巧之學習，本作者將以說明的方式，就歷程階段（一、四、五、七、八）中之重要情況（以下之 CL 代表個案，Co 代表治療者），逐一呈現回饋策略，以供參考。

表九　國小認輔兒童基本資料

個案編號	個案 A	個案 B	個案 C	個案 D	個案 E	個案 F	個案 G	個案 H
國小	南郭	頂庄	頂庄	同安	明正	彰智	萬合	南鎮
年齡	8	9	8	12	10	15	11	11
性別	男	男	女	男	男	男	男	男
主要問題	過度防衛 父母離異	攻擊行為	吵架 脾氣不好	吸吮手指 不寫作業	欺負弱小 注意力差	情緒困擾	欺負弱小 不服管教	暴力傾向 人際差
父母管教態度	過度保護	權威	權威		放任	父嚴	不一致	關心
遊戲治療者	林惠英	歐慧敏	施金助	陳雪梅	李月霞	邱麗娃	李淑敏	林莉倩

個案 A 至 H 問題簡述：

個案 A：個案父母於 86 年 2 月離婚，父母皆屬於嚴重的防衛心理。

個案級任老師認為的問題：過度保護的管教態度。

個案 B：與親生父母的關係極為淡薄，甚至極力想淡忘父母，由叔叔、嬸嬸代為照顧。叔叔對個案的管教的型屬於權威型，而嬸嬸則較為民主，嬸嬸灌輸個案要有能力獨自活下去的心理準備，這亦是個案防衛心極重的原因。

級任老師認為的問題：個案在學校常和同學發生衝突，甚至老師在場時，個案也會攻擊別人。

個案 C：個案父母管教態度均屬於權威型。

家長認為的問題：反應慢，怕智力跟不上其他小朋友。

個案級任老師認為的問題：無論是上下課，常和同學吵架，聲音很大，脾氣不好。

個案 D：為四年級男生（晚讀），學習情況差，不合群，喜歡碰同學的生殖器。

個案 E：個案的父母均屬於管教教態度，個案有一姊一弟，平時個案與母親的關係不佳，甚至對父親的態度更待母親。

家長認為的問題：在學校調皮搗蛋，希望孩子能安心讀書，不變壞。

個案級任老師認為的問題：欺負弱小（甚至高年級），喜歡捉弄別人，說謊，言語抗拒，工作漫不經心，注意力分散，有不成熟及依賴的行為，做錯事別不肯認錯。

個案 F：國三啟智學校學生，有強迫性求完美之非理性思考。

個案 G：與祖母、父母同住，祖母知道個案有攻擊行為，但大多只是口頭規勸，不覺得需要處理。

家長認為的問題：雖然知道個案有攻擊行為，但大多只是口頭規勸，不覺得需要處理。

級任老師認為的問題：期負弱小，不服管教，欲引人注意，上課注意力不集中。

個案 H：有兩個弟，父親對個案的問題極為關心。

家長認為的問題：性的好奇及大小便失控。

個案級任老師認為的問題：作業不寫，人際關係差，偶有暴力傾向。

一、第一次遊戲治療之處理策略

〈說明 1〉此處之 Co 指治療者，CL 指個案。下文皆同。場地、設備及治療者安排之適當與否，影響初期關係之建立甚大。詳細說明，見前文相關部分之介紹。

被督導者姓名	遊戲治療次數	督導日期	督導者
第一組	二、督導的回饋（問題概念化的分析）	86年5月7日（技巧的示範/一段實例之說明）	何教授長珠 三、建議改進之方法及作法
個案 A 概述 1. 背景：從幼稚園到現在（小4）咬指甲，致2隻大拇指尖部潰爛。成績中等、不寫作文與功課。 2. 家庭：父親開卡車，脾氣暴躁，母親在工廠上班。 3. 問題：改掉咬指甲、不做功課的習慣。	一、擬討論主題		

（續上表）

一、擬討論主題	二、督導的回饋（問題概念化的分析）	（技巧的示範／一段實例之說明）	三、建議改進之方法及作法
由CL的繪畫作品，Co解釋CL比較喜歡戶外活動。	由CL畫出乾淨、整齊、漂亮、規劃的圖畫，可以看出CL有下列特點： 1. 是一個非常配合外在要求的人。 2. CL是內向的、緊張的，咬指甲是緊張之極的表現。 3. 從南錄影過程發現場地「無遊戲室設備」。 4. 四個Co同時面對CL，形成不當介入，使其更緊張。		1. 建議採用跟隨式口語。 2. 繪畫在有必要介入時才給予主題。 3. 在遊戲過程中，讓CL做／畫出自己想做的東西。 4. 建議重新處理場地。 5. 調整Co與CL之關係（減少Co的在場人數）。 6. 建議增加布偶及指畫的材料。

（整理者：邱麗娃）

〈說明2〉CL繪畫後，可邀請CL對其作品說一個主題或一個故事。而治療者則可將作品拍照、編號，放入個案專屬之檔案，並註明觀察之心得，以供全部工作結束時之討論。

被督導者姓名	遊戲治療次數	督導日期	督導者
第三組	第一次	86年5月7日	何教授長珠
一、擬討論主題	二、督導的回饋（問題的回饋）（問題概念化的分析）	（技巧的示範／一段實例之說明）	三、建議改進之方法及作法
個案B概述〈第一個CL〉 1. 背景：2年級男生，早熟，功課很好。 2. 家庭：父親靠家，與叔叔、嬸嬸同住，叔叔、嬸嬸管教嚴格，會打CL。 3. 問題：口出三字經，喜歡打人。 從CL的繪圖作品討論	1. CL畫畫時，左手尚握著彩色筆的套子，顯示CL的謹慎。 2. 下次將CL的作品帶來。 3. 提供給CL作畫的用具要整齊，會增加對之大壓力。 4. 遊戲室布置太精美，一		1. 用具不要太精美。 2. 遊戲室情境需要放鬆，東西可以放亂一點。 3. 可以準備少許的小點心。 4. 對CL的作品加以拍照，並標註日期、次數與重要說明。

（續上表）

一、擬討論主題	二、督導的回饋（問題概念化的分析）	（技巧的示範／一段實例之說明）	三、建議改進之方法及作法
個案C概述〈第二個CL〉 1. 背景：一年級女生 2. 家庭：中等家庭，父母無業、弟妹各一位 3. 問題：不能控制大小便、內向、退縮			
從CL的繪圖作品討論			1. 鼓勵CL寫下故事的名稱。 2. Co以故事說明時，請CL指出自己在作品中的那裡。 3. Co須留意那個人物畫得最大。 4. Co須注意人物出現的次序。 5. 諮商後，將學生作品照相並影印，標示人物出現的次序。

〈說明3〉學校之治療者常易對遊戲治療之個案，做較多介入式引導（如引發CL去玩，太熱心地試圖幫忙個案的任何困難），而使得個案無法得個案真正放鬆，進入其內心世界。因此對遊戲治療新手一個案很重要的守則即是：設法先安定自己的心。儘量先多做跟隨式的同理（如複述、描述個案可能的感受）。

被督導者姓名	遊戲治療次數	督導日期	督導者
第四組	第一次	86年5月7日	何教授長珠
一、擬討論主題	二、督導的回饋（問題概念化的分析）	（技巧的示範／一段實例之說明）	三、建議改進之方法及作法

個案D概述：

1. 背景：四年級男生、智力傾向、瘦小、智力中等、成績差。
2. 家庭：與祖父、父母、姊姊同住。
3. 問題：常撲別人的生殖器（全班15位同學，大部分被撫過）、自我概念模糊（常歸罪於他人）。

（續上表）

一、擬討論主題	二、督導的回饋（問題概念化的分析）	（技巧的示範/一段實例之說明）	三、建議改進之方法及作法
由CL的沙箱遊戲錄影中討論。	出現兩排相向而立的戰車，顯示對立的狀態。	對Co好心的介入：需不需要幫忙？該如何督導？	1. 減少有Co有意的引導與介入。在遊戲的過程中，改變Co本身之焦點為在內心設法瞭解CL作品之意義。 2. 當Co要CL改變時，問一下自己：「我要幫CL改變的是什麼？為什麼？」
「CL之沈默現象：從頭到尾，只回答 2 次。」		1. 催化CL做發表，有時反而是紛擾。 2. 在遊戲完成時，Co可以對CL說：「這很有意義，我們可以拍照留下紀念嗎？」	

被督導者姓名	遊戲治療次數	督導日期	督導者
第五組	第一次	86年5月7日	何教授長珠

一、擬討論主題

二、督導的回饋（問題概念化的分析）（技巧的示範／一段實例之說明）

三、建議改進之方法及作法

個案E概述

1. 背景：三年級男生、愛惜開事、自大、身上有臭味。
2. 家庭：家境小康、有三兄弟，CL為老大。
3. 問題：常為一件小事而大發脾氣、不做作業。38人中有24人認為CL人緣最差（CL卻自認為自己人緣很好）。

（續上表）

一、擬討論主題	二、督導的回饋（問題概念化的分析）	（技巧的示範／一段實例之說明）	三、建議改進之方法及作法
「CL主動面對攝影機」	這是否顯示CL想要受到別人（尤其是權威者）的肯定？		
Co認為CL表現接近完美，表現出極為合作的態度，「似乎沒有第一次諮商所應有的焦慮。」			體會個案可能有的心情意圖，表示出溫和、中立的接納立場（但不必讚美）。
由CL的遊戲治療錄影中討論。			1. 桌布太精美。 2. 可以在遊戲紙、紙壁報，讓CL在壁報紙上作畫。 3. 在（初期）諮商的時候，Co不要問：「為什麼？」

〈說明4〉在遊戲治療的督導過程中，常會發現某些重要資料之缺失。故建議以後在第一次治療開始之前，儘量聯絡有關人士及瞭解相關資料（如個案的學校成績、心理測驗、家庭資料、重大家庭變化、重要疾病紀錄）。舉辦一次相關人士的會前晤談是最理想的。

被督導者姓名	遊戲治療次數	督導日期	督導者
第七組	第一次	86年5月7日	何教授長珠
一、擬討論主題	二、督導的回饋 （問題概念化的分析）	（技巧的示範／一段實例之說明）	三、建議改進之方法及作法

個案F概述

1. 背景：國中三年級男生，中度智障。原有心理治療師每週為其做一次諮商。
2. 家庭：家境小康，父親管教嚴格，對CL的要求很高（超出CL能力），有一兄一弟，CL為老二。
3. 問題：情緒表達不適當，常為輪贏情事而大發脾氣或哭泣，為完美主義者。

（續上表）

一、擬討論主題	二、督導的回饋（問題概念化的分析）	（技巧的示範／一段實例之說明）	三、建議改進之方法及作法
Co 的問題是「想要瞭解 CL 形成完美主義之原因。」	1. 先瞭解 CL 在班上的人際關係。 2. 瞭解家族史。 3. 瞭解以前心理諮商的過程紀錄。		基於對 CL 先前資料之了解，以一種溫和、中立的態度來開始建立關係是好的，由沙遊過程之觀察，可了解 CL 內在有較緊迫的壓力須尋求宣洩，並且此次之沙遊似乎也真到此一目標，故 Co 可以只做「情感反映」便可。
由 CL 的遊戲治療錄影中討論。	1. 玩沙時會主動提供解釋，對沙會做大幅度的更動。顯示對沙的接觸能力不錯（能量是流動的）。 2. 有二部車子不斷地轉圈，最後相撞，好人和壞人格鬥，壞人死了。有爭鬥、對立的影子。 3. 最後有躺下來的行為。（放鬆的表示）		

〈說明5〉遊戲治療第一次聚會時，治療者要說的話是：自我介紹、解釋個案來此之原因、遊戲室的使用方式及規範和使用錄音錄影資料之倫理。

被督導者姓名	遊戲治療次數	督導日期	督導者
第七組	第一次	86年5月7日	何教授長珠
一、擬討論主題	二、督導的回饋（問題概念化的分析）	（技巧的示範／一段實例之說明）	三、建議改進之方法及作法
遊戲室較小CL易有安全感，越容易放鬆。			1. 需將沙箱抬高，調整至適合CL的高度。 2. 調整沙箱的位置與遊戲空間，讓CL可以靠牆死。 3. 留意CL進遊戲室與離開時的臉上表情有無不同。 4. 多布置一個沙箱，讓CL可以加水。 5. 由於CL變化場景很快。所以在CL每個場景完成時，可立刻給予拍照。

（續上表）

一、擬討論主題	二、督導的回饋 （問題概念化的分析）	（技巧的示範／一段實例 之說明）	三、建議改進之方法及作 法
	1. CL有暴力傾向時，可以提供有顏色的黏土與拳擊的設備。 2. 遇到緊張型的CL，在諮商過程，可以同時播放輕柔的音樂。 3. 蒐集CL的父母家庭資料。 4. 為CL建立一個檔案，蒐集相關資料與作品。		1. 認識Co：Co須自我介紹。 2. 說明時間、目的，可以／不可以的部分為何及進行次數。 3. 介紹遊戲室環境、設備、意義。 4. 說明錄影攝影機及攝影手的工作。 5. 給CL足夠的時間，進行採索（如玩沙）。 6. 採用跟隨的方式，試著不要急於介入。

二、第四次遊戲治療之處理策略

<說明6>催化互動之作法。

被督導者姓名	遊戲治療次數	督導日期	督導者
擬討論主題	二、督導的回饋（問題概念化的分析）	86年5月28日（技巧的示範／一段實例之說明）	何教授長珠
個案G概述 1. CL「進行遊戲治療已第三次了，但是仍然不去動玩具，也不說和Co有互動，不說話，此時Co應該怎麼做比較好呢？」	大家似乎都有信心說「可以等待當事人主動願意開始」。但這樣做是不是最好的決定，要考慮治療者本身在這個時候的狀況是怎樣？如果說治療者已經很焦慮的話，這個決定就必須包括處理治療者在內。若治療者不是很焦慮時，這個決定才是有意義的。最重要的是當事人在遊戲過程中會沈默幾次？要沈默多久？固然和他自己有關，但也和治療者所製造的氣氛有關。	實例： 當事人說他想畫圖，但當治療者把畫具推到當事人面前時，他好像又會維持自己可以接受的空間，推開畫具，形成對治療者的距離（約40公分）。 督導： 那表示當事人很清楚地在告訴你：「他還沒有準備好更親近的關係！」	三、建議改進之方法及作法 向當事人確認，如果不想玩就不必玩；但治療者須能保持內在安定和接納之狀態。

（續上表）

一、擬討論主題	二、督導的回饋（問題概念化的分析）	（技巧的示範／一段實例之說明）	三、建議改進之方法及作法
2.「在過程中是不要去強迫當事人玩，而只要有治療者感覺他有什麼狀況，就把它陳述出來？」			這應該是大家都要如此做的。即使當事人沒有在畫畫而有其他動作，治療者還是可以把這個部分說出來，但是在講的時候要注意一個原則： 2-1 要根據事實做反應。 2-2 在敘述時要帶有同理感受。
3. 當事人一直沒有辦法放鬆去玩，還是很緊張。是不是適合在這個時候「邀請當事人的好朋友和當事人一起來遊戲室和當事人一起來玩，讓當事人放鬆？」	如果邀請當事人的好朋友加入和當事人一起玩，是為了讓當事人比較容易開始做的話，可能不必這麼做（尤其當感覺到當事人每次都比上一次放鬆）。治療者在做決定時（例如邀請好朋友加入遊戲治療）的動機應以治療的目標為主（如觀察CL的人際互動）。		可檢核一下物理和心理環境，並小幅度更動（或加入）新玩具，以判斷當事人可能的真正情況。

（續上表）

一、擬討論主題	二、督導的回饋（問題概念化的分析）	（技巧的示範／一段實例之說明）	三、建議改進之方法及作法
4. 若當事人仍然不畫畫，是不是可以給當事人一些圖畫讓當事人參考來畫？讓當事人可以比較容易開始？	應注意的是不要讓當事人有模擬範本的機會。因為那表示我們告訴當事人如何做才對，如何做就錯。如果這樣，當事人就沒有辦法放鬆，去做真正的自己。	如果治療者覺察當事人想畫卻不動手時，治療者可以做的是： 4-1 同理。 技巧： 由治療者反映：「雖然很想畫，但卻不知道要如何開始喔！」大概要說上幾次，才能有用。 4-2 換另一種作法。 技巧： 治療者應該是很有彈性，所以可以反應給當事人：「沒有畫啊！可不可畫一個你平時常畫的東西給我看？」或者當事人或許會不知不覺地開始畫了！	

（續上表）

＜說明７＞抗拒之處理。

一、探討論主題	二、督導的回饋（問題概念化的分析）	（技巧的示範／一段實例之說明）	三、建議改進之方法及作法
個案D 概述 （明正國小） 1. 當事人一直不太與治療者說話，產生互動。但這次的遊戲治療能主動去玩黏土，像做出的成品很小，但是色彩非常鮮豔，而且做了手指頭般大，得很細、蛇、漢堡及其他食物。	當事人做出來的成品很精細的部分，顯示當事人的能力是很不錯的。另外還要注意到當事人做出成品的種類所代表的意義！ 1-1 如果這次是食物，所代表的是當事人的內在可能有些不滿足。 1-2 而做出小動物，則可精測其意義可能是當事人對「關係」的立場。		
2. 當事人可能因為被老師或班上同學貼上「壞學生」的標籤，而對要來做遊戲治療有所抗拒。「萬一當事人真的被貼了標籤，治療者可以做什麼事來幫助當事人呢？讓當事人不再如此抗拒？」			我們通常會告訴學生：當事人是被抽到而來進行遊戲治療的，但是其他學生還是會懷疑。因此，我們可以向全班解釋「當事人是怎麼被選出研究小學生的遊戲行為者為是有一個名額，目前還有一想要參加？如果是有，我們將會再抽出一個學生一起參加此項研究。」

（續上表）

一、擬討論主題	二、督導的回饋（問題概念化的分析）	（技巧的示範／一段實例之說明）	三、建議改進之方法及作法
3.如果當事人對治療者或他的解說都只是點頭頭頭或總是希望當事人與他有更多的互動時，治療者應該要怎麼辦呢？	其實當事人願意來分享的過程，應該是在自然的環境下產生。在那裡想當事人或許可以決定自己想講什麼或不講什麼。如果當事人總是回答「是」或「不是」，那麼可能是： 3-1 當事人可能在抗拒，他有些事還不願開放出來。 3-2 當事人本身並沒有什麼特別的主題。因此當治療者問他問題時，當事人便很難回答。	技巧的部分： 3-1 若當事人的狀況是因為在抗拒階段，治療者可以多做幾次有引導式主題的遊戲治療。 實例： 有一個個案在進行遊戲治療時，治療者認為自己和當事人的關係有一些困難。因此治療者便請當事人在做沙箱治療時，選一個小兵或其他當事人。若當事人和當事人的關係，治療者和平行的當事人是接近而平行的勞動（即治療者就是在當事人旁），治療者就可以比較放心。因為那代表當事人不排斥治療者。 3-2 若當事人因本身沒有特別的主題而不回答，可能治療者的問題慢慢要進行下去就要斥治療者	

一、擬討論主題	二、督導的回饋（問題概念化的分析）	（技巧的示範／一段實例之說明）	三、建議改進之方法及作法
	3-3 另一個看法是： (1)我們所謂「治療性的變化」，理論上未必是從潛意識走到意識的。所以第一個狀況往往是連當事人本身都不自覺的。像治療遇到他把小兵移這個小兵移過來移過去，很可能這個小兵是代表他自己，這只是有他才知道的。如果他排好了又去更改，治療者問他說：「你剛剛排得很好了，怎麼現在要這樣更改呢？」當事人可能沒辦法回答，因為那是感覺，而這種感覺就是治療所產生的變化。 (2)第二個可能的狀況是當事人與治療者的關係建立得不夠安全。	實例： 當當事人玩沙箱時，第一次出現排出很多人的場面時： (1)可能會中止談話的反應，「有這麼多人，這裡好熱鬧哦！」當事人可能不會去回答！ (2)比較好的反應可能是：「今天有這麼多人（反映事實），他們好像要去做什麼事嗎？（引發當事人做回答）」 如果當事人還是不說話，可能就要停留在內在世界當中，使其繼續做類似引發當事人回答的問句。	

（續上表）

一、擬討論主題	二、督導的回饋（問題概念化的分析）	（技巧的示範／一段實例之說明）	三、建議改進之方法及作法
	(3)第三個可能的狀況是治療者的問語讓彼此的談話不容易進行下去。像治療者在做解說時，有時當事人認為治療者說對了，因此他就不必回答了（因為他同意治療者的解說）。又有時，如果治療者的解說，當事人認為不正確，那就可能要到當事人和治療者關係建立得很好時，他才會回答。		

（續上表）

〈說明 8〉如何做「反應」，使談話得以進行？

一、擬討論主題	二、督導的回饋（問題概念化的分析）	（技巧的示範／一段實例之說明）	三、建議改進之方法及作法
南鎮國小： 1. 當事人玩的是人對人之間的戰爭，總是有兩方在廝殺、作戰，而當一方在快輸的時，就會有一個勇士來拯救去大家美勇士，勇士不久就會死去。「作戰常是不分勝負的！如何去解釋當事人的心理狀態呢？」	1-1 快輸的一方會出現一個勇士來拯救大家，這個現象可能表示當事人心理還有反抗當的力量。代表有的是自己的ego還有去對抗壓力的能量。所以當事人自我的力量應該還不錯！（如果兩方都敗是全輸的局面，表示當事人心理的力量是放棄的，這反有勇士不好。）所以有勇士來拯救是比較好的，表示當事人認為自己心中還有希望。 1-2 針對英雄不可以被讚美，一被讚美不久就會死的現象，可能有幾個原因：		

（續上表）

一、擬討論主題	二、督導的回饋（問題概念化的分析）	（技巧的示範／一段實例之說明）	三、建議改進之方法及作法
	(1)可能是當事人不習慣，因為自己本身少有機會被讚美，所以要讓這個英雄死。 (2)可能當事人認為能拯救他的英雄還沒有出現。雖然他的英雄覺得可能是有希望的，但是目前大概還沒有出現。 1-3 針對「兩方都沒有看人勝」的現象來看：這個現象可能是表示他目前英雄死了的狀況。尤其配合英雄死了的結果，可能當事人覺得如此的現實狀況是如此——不可能有人來拯救他的（當事人的事實是，與姐弟寄住在叔嬸家，受到嚴格管教）。		

（續上表）

＜說明 9＞過緊（心理）所造成的過鬆（行為）現象之舉例。

一、擬討論主題	二、督導的回饋（問題概念化的分析）	（技巧的示範／一段實例之說明）	三、建議改進之方法及作法
2. 從當事人的設計作戰方式及打鬥動作等可以瞭解到當事人是組織及結構性強且自我狀態很不錯的人，但為何會大小便失控呢？	從策略治療理論上，我們看到兒童的問題有二種：一種是太過於緊張的兒童，因為大緊張所以兒童常表現的行為是不說話、不動、活動範圍空間小、而一種是大過放鬆的兒童，他們會表現的行為常是無法自我控制、容易自大、攻擊、而且過動。 這個當事人可能是大過「緊」的類型。而緊到極點可能兒童、因為緊到極點就會大量支控，也許以大小便失控的方式表現，這或許是當事人唯一可以發洩的方式。因為當兒童不能對抗外在權威時，他就只能發洩（例如：大小便失控）或是退化（例如：吸手指等）。		

（續上表）

一、擬討論主題	二、督導的回饋（問題概念化的分析）	（技巧的示範／一段實例之說明）	三、建議改進之方法及作法
3. 在遊戲治療進行過程中，若有戰事的場面，治療者若能馬上知道當事人是處在勝的或是負的那一方，然後就直接去做反應，是不是比較好呢？	如果說當事人還處在建立關係時期，可能不太適合去強迫當事人說出自己屬於那一方。最好在這初期開始了以後再去做會比較適合。因為這個時期當事人已經很信任治療者。表現出來的可能是比較真實的自己！因此要注意當事是，在遊戲過程中對當事人參加勝負的一方所做解的說時，要視當事人所處的治療階段來判斷，才能比較客觀。		

（續上表）

〈說明 10〉社會性反應與心理反應之不同所在。

一、擬討論主題	二、督導的回饋（問題概念化的分析）	（技巧的示範／一段實例之說明）	三、建議改進之方法及作法
4. 在遊戲治療進行時，治療者曾經對當事人（勇士）出現殺了很多敵人的事件做出反應：「他殺了好多人，他好英勇哦！」這樣的反應到底適不適當？	4-1 這部分大家必須注意到治療者在做反應時是要對治療及當事人有利的、有意義的而不是有害的。治療者說的這句話（英勇）可能是社會性的習慣，現在要注意自己在下評註時是否能控制自己的社會性習慣，而出現心理性的習慣。亦即不用社會性反應方向，而用心理性反應方向。	理想的反應，有下列幾種方式：1. 說出當事人內在的情緒：2. 讓當事人有希望的話。3. 增強對方的心理能量。技巧示範：比較好的反應，因此可以這樣說：一「他好英勇！雖然敵人一再攻擊，他總是會努力對抗回去」──希望能增強他的心理能量。一「這不是很容易做到的，雖然有那麼多敵人，還是要一個一個打過去。」這就是同理當事人的辛苦與努力。一「雖然敵人很多，最後終於勝利了，那感覺一定很好了」──表達當事人內心的感受。	

〈說明 11〉發淺階段的適宜作法：同理而非客觀檢核。

（續上表）

一、擬討論主題	二、督導的回饋（問題概念化的分析）	（技巧的示範／一段實例之說明）	三、建議改進之方法及作法
5. 在過程中要不要讓當事人去體會到「人被傷害的感受」，去瞭解別人因他的作為而產生不舒服感，反應給當事人知道？	在發淺階段時，當事人是處在很主觀的狀態下，所以治療者最好是站在當事人的主觀狀態需要去做同理。而此階段最需要做的就是同理，如果階段能夠同理當事人的感受，並反應給當事人知道，當事人這個階段就可以走得越快。就此而論，反應他人的感受讓當事人瞭解並不適合。		
6. 當事人在遊戲室中玩了很激烈的打鬥，出了遊戲室後，還未平息情緒。當事人開始去打班上的同學，這該如何處理？		6-1 若是當事人有激烈的打鬥場面反高昂的情緒，必須在治療結束前幾分鐘讓當事人平靜下來、做放鬆的活動，可以放音樂、做放鬆的活動。 6-2 必須要「在遊戲治療進行前先向當事人澄清在遊戲室時可以做的活動，在外面時是不能做的」，以避免傷害或是傷害事	

（續上表）

<說明 12>要想增加當事人內在的自信，治療者的話應是「鼓勵而非讚美」。

一、擬討論主題	二、督導的回饋（問題概念化的分析）	（技巧的示範／一段實質例之說明）	三、建議改進之方法及作法
7. 當事人是個沒有自信、自我概念很低的當人。在遊戲治療中有了很好的表現時，治療者如何讓當事人感受到他自己的能力，增強其自信心呢？尤其是「當事人受到鼓勵後，仍然說自己做出的成品不好，如何做才能改變當事人的內在語言呢？」	當事人其實已有了感覺，那是因為成功經驗而得來的。治療者幫助別人的目標，乃是希望能幫助對方對自己的內言，是講好話而不是壞話（因為這些當事人大部分時候是對自己講壞話的人）。因此治療者所說出的話，其目的是讓他相信他是好的，對自己有正向的信念。這句話不必長，但要有力量，能影響當事人常放在心中。	大家都知道現在要增強的是當事人的自信部分。讓他瞭解自己也是有能力做好一件事（完成一件作品的）的。所以這句簡短有力、有影響的話可以說成「看來你是有能力做到的呢！」	

（續上表）

＜說明13＞當事人重複進行同一種玩具或遊戲時的治療性意義及對策。（討論主題9。）

一、擬討論主題	二、督導的回饋（問題概念化的分析）	（技巧的示範／一段實例之說明）	三、建議改進之方法及作法
8.治療者如何能凝固當事人感受的改變為認知上的成長（即讓當事人除了有那樣的感受之外，還能夠知道自己有了這樣的改變。）	用一句簡短、有力的話，反應對方整個努力過程。這也就是導習心理學中的「概念凝固」。因為當事人在做過這次遊戲治療之後的那時期，心情通常是放鬆的，但他是感受到的快樂也有可能是散漫的，沒有確定的印象！如果加了一句有力量的話，凝固這個成長的感受，較能讓當事人去相信一些新的、關於他自己的看法。		
9.當事人只是一再地把玩具拆開再弄回去，或是一再玩同一個玩具，似乎沒有任何意義化。不知其中意義是什麼？很難瞭解當事人。	當事人反覆玩同一個玩具，或把玩具一直拆開再弄回去，都可能是在發洩他的緊張，是很有治療上的意義的。所以可以安靜下來陪他／她，一起度過那段時間，並在心裡過程發展診斷、假設和評估。		

（續上表）

〈說明14〉以沈默來「抗拒」的心理機轉。（討論主題11.）

一、擬討論主題	二、督導的回饋（問題概念化的分析）	（技巧的示範／一段實例之說明）	三、建議改進之方法及作法
10.當事人把玩具排成一個個機器人站在前面，許多小兵圍成一個半圓在機器人對面，此時治療者可以做什麼解說？	當事人不管玩什麼媒體，如果有圍圍的排法，大致是有一種當事人傾向統整的意義。	對於當事人所排成的這個狀況，參照其背景，治療者可以做的反映之例—「這些士兵好像都在聽這個機器人發布命令哦！」	
11.當事人在遊戲過程中，視線一直保持下垂，不接觸治療者（當治療者對他講話時），可能代表的意義為何？	除了最明顯的可能是「防衛」，不和治療者接觸以外，另一個人真實的自己的表露的可能是一種被動攻擊的姿態，它大致有二種狀況： 1.這樣的人可能是一個好好先生，不會配合你的建議去做事，但不會盡力去做，因為不是他真正想做的。 2.另一種人可能是，認同可你的建議，這個當事人如照者去做。表現的表面上此的表達，可能是想要言達，自己至少有不發言的權利。		

（整理者：李淑敏）

三、第五次遊戲治療之處理策略

〈說明15〉要或不要為CL找一位玩伴之考慮因素。

被督導者姓名	遊戲治療次數	督導日期	督導者
第四組	第五次	86年6月4日	何教授長珠
擬討論主題	督導的回饋（問題概念化的分析）	（技巧的示範／一段實例之說明）	建議改進之方法及作法
1. CL想跟另一位（治療者宣稱稱是隨機抽出來的）同學一起到遊戲室玩可不可以？	二、督導的回饋（問題概念化的分析） 1-1 先瞭解個案被轉介來的原因——是攻擊行為，對象是同儕。 1-2 CL與Co玩戰爭遊戲時，前一次Co主動示輸，意見CL不示弱，第二次、第三次CL不表示意見，第四次CL認為自己應該算輸，表示CL有很清楚的公平意識。 1-3 CL玩玩具時都把軍備較少的一邊、而把軍備多的部分讓給Co，這可能因為Co對他而言是大人，故CL在心理上無法平等的狀況。		三、建議改進之方法及作法 治療者安排同伴與CL玩的動機？ 1-1 為什麼要？是想從互動中蒐集資料。是怕破壞原先已累積的成長，所以如果是「要」，讓CL跟另一位同學玩，須考慮： (1)CL跟同儕原來的關係最好不是很熱的狀況。 (2)同儕在班上的特徵不是很優秀，也不是優秀。如此才能表現「鏡子」功能，來反映個案的問題。 1-2 若二人玩戰爭遊戲時，CL仍能出現公平的傾向時，即可判斷CL有能力做出正確的決定。

（續上表）

〈說明 16〉CL玩沙時，治療者如何做紀錄？

一、擬討論主題	二、督導的回饋 （問題概念化的分析）	（技巧的示範／一段實例之說明）	三、建議改進之方法及作法
2. 看不到沙盤正在形成時的資料，怎麼辦？			2. 若CL排沙盤的時間是15分鐘，則3～5分鐘用相機拍攝一次，並另用文字、圖示沙盤形成之過程。
3. CL開始屢次要求更換做治療之時間。	代表此一攻擊性行為兒童，在練習民主化過程的第一階段之現象，如「任意提出要求而不考慮其適意與否」。		3. 給予「設限」之回饋。即瞭解其理由，說明Co本身之困難，並找出解決之道。
4. Co是否要因CL沉默而做出主導性的問話？	CL在玩玩具時，遊戲本身就是一種表達的方式。		1. 以誠懇的心意，陪孩子玩。 2. 不用心急每次要達到些什麼。

（續上表）

〈說明17〉如何判斷CL在治療中達到的位置？

一、擬討論主題	二、督導的回饋（問題概念化的分析）	（技巧的示範／一段實例之說明）	三、建議改進之方法及作法
5. 如何判定CL目前在治療關係中達到的關係位置？	5-1 第一階段： 「關係建立期」：此時Co之重點在表現信任與自然的態度。 5-2 第二階段： 「攻擊爆洩期」：此時CL表現的行為有： (1)嘗試性、試探性的破壞性行為，由輕微而趨明顯。 (2)言語和非語言上的練索增多。 (3)對治療者的建議開始出現拒絕、自有主張、不予理會等較多的負面挑戰。 5-3 第三階段： 「快樂狀態期」：此時CL的內在衝突釋放鬆、平衡逐漸恢復，因此也會出現種種自主		

（續上表）

一、擬討論主題	二、督導的回饋（問題概念化的分析）	（技巧的示範／一段實例之說明）	三、建議改進之方法及作法
	性資料（如直接的眼神接觸、動作的明確、表情的自信、平靜等）。		
6. CL常面無表情，如何幫助他？	6-1 沒有表情也是在發洩的一種表型式。如「我什麼反抗都不能做，但至少我可以不回應你們吧！」 6-2 此時可從肢體等非語言的線索之表現來觀察。		1. 檢查Co本人想要工作的壓力，並於對方有微細的正確行為出現時，給予增強。 2. 例：這是你自己做的嗎？不簡單嘛！
7. CL在遊戲中未出現攻擊行為，但回到教室後，攻擊行為卻增加了，怎麼辦？			1. 與CL談談：他是否明白在遊戲室與在教室的行為是不同的觀念？此遊戲室的行為需要一再澄清，才能內化到CL身上。

（續上表）

〈說明18〉導引CL說故事之技巧。

一、擬討論主題	二、督導的回饋（問題概念化的分析）	（技巧的示範／一段實例之說明）	三、建議改進之方法及作法
8. 對一直不講話的CL，如何引導對話過程？	8-1 針對此類個案，Co恐怕無法也採用沈默。因爲攻擊，Co宜要問題是攻擊，Co宜協助其做發洩。 8-2 Co適宜的立場是講出對方可能有的心理感受。 8-3 故事的大體焦點是一排動物與一排士兵對峙，後來又演變成兩物對抗二個人。 (1)這個狀態是準備正面對抗的。是有能力、有意的對抗狀態，由此可推測CL目前的心理狀況不錯。 (2)從另一方面來說，因爲CL在生活中許多時候是無能爲力的狀態。此時能能看到其內	教授扮演Co，而由原Co扮CL，演出一場擬對對話之示範。 1. Co：今天排的好像有一、二個地方不一樣，有的好像深（沙箱）得比較深，這樣如果要開始打仗，要逃跑好像比較來不及呢！ 　CL：（不反應） 2. Co：你覺得還是會來得及喔！ 　CL：（不反應） 3. Co：飛機的尾巴都埋在沙裡，好像有一點困難？ 　CL：不知道 4. Co：當然！你這樣排應該有你的原因？ 　CL：不知道	

（續上表）

一、擬討論主題	二、督導的回饋 （問題概念化的分析）	（技巧的示範／一段實例 之說明）	三、建議改進之方法及作 法
	在的生命力，毋寧是 個好消息。因此 Co 宜肯定、加強之。	5. Co：你再看看，你 　　覺得他們（飛機）可 　　以很容易啟動嗎？ 　　CL：可以 6. Co：喔！那你比老 　　師厲害。 　　CL：（暗自偷笑， 　　被讚美而不安。） 7. Co：他們都可以動 　　起來，那不曉得他們 　　要去那裡？ 　　CL：作戰 8. Co：去那裡作戰？ 　　CL：別的地方 9. Co：你能不能假設 　　是台灣的那裡啊？ 　　CL：不知道 10. Co：會不會是在你 　　的班級內啊？ 　　CL：不知道	

（續上表）

一、擬討論主題	二、督導的回饋（問題概念化的分析）	（技巧的示範／一段實例之說明）	三、建議改進之方法及作法
		11. Co：那老師情不對，你最後要講答案喔！如果不是班級，那是你家嗎？ CL：不知道（台語） 12. Co：假如不是班級也不是家裡，那是去那裡作戰？ CL：不知道 13. Co：可是你怎麼跟我說是作戰呢？ CL：對別的地方作戰！ 14. Co：所以他們是準備好要去對付敵人的？ CL：對 15. Co：所以那裡不知道去那裡作戰，可是只要有人敢來欺負他，他馬上就可以來對抗。	

（續上表）

一、擬討論主題	二、督導的回饋 （問題概念化的分析）	（技巧的示範／一段實例 之說明）	三、建議改進之方法及作 法
		16. Co：對這幅圖，你 的感覺怎樣？有沒有 滿意？有沒有比較舒 服？ 　CL：（沒反應） 17. Co：要不要老師幫 你照相！ 　CL：好 18. Co：每次都是我 照，不一定照到你想 要的，你要不要來照 照看？ 　CL：好啊！	
		在為 CL 說出其故事時可 以有幾點原則： 1. 要培養身歷其境的同理 心及幻想之能力。 2. 不要介意 CL 的不回 答，因為對兒童而言， 當他（她）覺得被瞭解時 並不會做出言語的反應 （有時只是看你一眼）。	

（續上表）

一、擬討論主題	二、督導的回饋（問題概念化的分析）	（技巧的示範／一段實例之說明）	三、建議改進之方法及作法
		3. 從句數1～11所反映出的CL資料是：他有一種「準備」但仍未「完成」（大多數玩具都陷在沙中）的立場。句11及句18是「誘導式」回答的開話方式，句15是「肯定」並增強CL「準備好了」、「有能力對抗」的自我意識。 4. 整場對話中CL很多次說「不知道」的原因通常有：一是拒不想說，另外一個是「真的不知道」。這是「可以理解」。因為改變往往在潛意識中發生，因此CL自己有可能在意識上是「不知道」的。	

〈說明 19〉CL的成長往往不是直線，而是螺旋式的。（討論主題3.）

被督導者姓名	遊戲治療次數	督導日期	督導者
第五組	第六次	86年6月4日	何教授長珠
一、概略討論主題	二、督導的回饋（問題概念化的分析）	（技巧的示範／一段實例之說明）	三、建議改進之方法及作法
1. 假如CL在遊戲室的行為突然退回，且一直背對著鏡頭怎麼辦？			1. 在開始發現CL情緒不對時，可說：你今天好像心情不好呢？
2. 若諮商員有二固角色（如輔導者及導護老師），二者本質上有衝突時，較難引發關係。		例：軍人在打仗時，必須聽命上級，但不等於他是壞人。老師也是這樣，我在這邊可以接受到你的很多行為，但是到了外面就必須扮演老師的角色。二邊是不一樣的，對嗎？	2. 在遊戲治療室中說明角色在不同情境中的限制。
3. 火車把CL的雷龍打死了4次，惟每次都是火死而後生。最後是火車把雷龍載回原位。	火車可能代表CL的重要人物。		

（續上表）

〈說明20〉治療者必須中途換Co時之作法。（討論主題5.）

一、擬討論主題	二、督導的回饋（問題概念化的分析）	（技巧的示範／一段實例之說明）	三、建議改進之方法及作法
4.「恐龍間的作戰」：雷龍有輸有贏，但最後的結局是火車及恐龍們把雷龍壓得死死的！這是否代表CL不想再活了？不想再反敗為勝？			4. 人的心理上之進步不是一直線，而是曲線，故不必太擔心。
5. 若CL已進入發洩階段，但Co無法增加時間，而只能做8次治療，怎麼辦？			5-1 預告結束將近及告知CL將有新Co接手之事。 5-2 由同組成員即開始（下一次治療即開始，以免來不及），但二者風格勿相差太多。
個案F的： 第九次 1. 划龍舟比賽：贏的人要上台領「獎牌，主辦單位說「落後的人不要上台領獎心，還可以上台領獎牌。」（CL故意把牌放空，	1. CL內在原有輸贏對立之差距已漸減少，逐步進展到能有「自持」之狀況。 2. 判斷治療程度（因當事人心中的最重要的話「內言」的方式已在改變。		

（續上表）

〈說明 21〉治療者挑選個案時的階段性原則。（討論主題 1.）
〈說明 22〉如何檢核個案之改變或成長？（討論主題 2.）

一、擬討論主題	二、督導的回饋（問題概念化的分析）	（技巧的示範／一段實例之說明）	三、建議改進之方法及作法
第十一次 1. 遊戲治療對象的選擇：如何挑選個案？	1-1 第一階段：選擇適合 Co 個人的治療風格，因而較易成功的個案。 1-2 第二階段：較不擅長的特質，以增加處理挫折的經驗。 1-3 第三階段：能隨機應變，看 CL 需要什麼，而做出不同的處理。		
2. 改變若已發生，是以何種形式來呈現或被觀察？	依時間、數量看，經過 8～10 次後，當事人可把困難程度由 90% 降低到 70%，但不可變成沒有問題或 50%，因為那是不實際的。		1. 追蹤評量之重要性：不能只評量做完後的結果，要再隔三月或半年或一年半來看（註：客觀性評量之量本應和前測所用者一致）。 2. 評量表宜針對特殊行為而設計。
3. CL 這次是 11 次，預計做 12 次適當嗎？			1. CL 已達到某種程度之改善，且將面臨畢業，故可以結束。

（續上表）

〈說明23〉個案口語的數量及型式與治療階段間之關係。

一、擬討論主題	二、督導的回饋（問題概念化的分析）	（技巧的示範／一段實例之說明）	三、建議改進之方法及作法
4. CL又不說話了，只是專注地玩畫圖，是否表示往後退步了？	個案口語的呈現，通常會經過三個階段： 4-1 第一階段：少的、短的、表面的交談。 4-2 第二階段：進入CL的內在狀態，會出現較多重複的幾句話。 4-3 第三階段：CL跟Co的交互作用。通常是反映出CL跟外在世界的關聯方式。換言之，CL的內在心理之抒解，會通過壓力之打開，會通過三階段： (1)初階段：禮貌及上下關係之立場。 (2)中階段（真正CL自己的狀態）：孤立、回溯內在、故無眼理會Co之需。 (3)最後階段（結束之前）：恢復對話的平等立場。		

〈說明 24〉繪畫媒體的紀錄方式。(討論主題3.)

(續上表)

一、擬討論主題	二、督導的回饋（問題概念化的分析）	（技巧的示範／一段實例之說明）	三、建議改進之方法及作法
1. CL 的圖畫由初期具象、清楚走向很不清楚及混亂的原因？	CL進入宣洩期 1-1 CL 由意識狀態（有控制的）進入內在放任的潛意識狀態。 1-2 CL 已進入退化期，表示CL正在宣洩。		
2. 圖畫中常出現火車。	車子代表行動力，可以視為是改變或脫離目前狀況的媒介。		
3. 姝姝身旁出現的東西，CL一開始說是「鬼」，後又改為是「小丑」的意義。	表示CL仍在意識控制下。因為一般認為鬼是惡意的，CL知道是不對的，是社會不能接受的，故又更改。		1. 先用彩色影印機影印下來。 2. 用留言本記下畫中事物呈現的順序，以瞭解其心中人物的重要性。
4. 圖畫的中央出現「姝姝」之意。			1. 跟姝姝訪談，因姝姝可能是CL心中目前能改變、重要、關懷她的人物。 2. 上項這件事要儘早做，不要最後要結束治療前才做。

（續上表）

一、擬討論主題	二、督導的回饋（問題概念化的分析）	（技巧的示範／一段實例之說明）	三、建議改進之方法及作法
個案E			
1.CL沙畫的打鬥場面變成中間沒有城堡，只剩下二個洛克人抵擋一羣動物（而CL代表洛克人之一）	衝突更接近了。		
2.CL的物質生活優裕但仍不時偷竊之原因？	偷竊可代表CL心中有所缺乏，或是尋求注意。		1.下次請CL畫圖。 2.深入瞭解父母的管教方式。 3.宜多做幾次治療。
3.CL內在真正的東西似乎還沒有出來。			
4.CL讓代表Co的人物捧死後，又立刻扶起說：「不用擔心啦！是不會捧死的。」	CL認為Co是他的貴人，但仍不相信自己有如此好運，卻又希望他的存在。		

（整理者：梁嘉茜）

四、第七次遊戲治療之處理策略

被督導者姓名	遊戲治療次數	擬討論主題	督導日期	督導者
第一組	第七次	一、督導的回饋（問題概念化的分析） 二、督導的回饋（問題概念化的分析）	86年6月8日	何教授長珠
個案A CL不回答Co所提的問題，並在鏡頭未照到他時，暗自偷笑，是什麼原因？		（技巧的示範／一段實例之說明） 實例： 當CL打贏時，Co問：「他會不會回家告訴爸媽他贏了？」另外，對CL具攻擊性的行為：嬲過車子（車中有小人物），Co問：「摩托車有沒有贏？」CL皆未予回答。		三、建議改進之方法及作法 接受CL不回答的狀態。
個案G 第二組： CL在Co的引導下終於跨出第一步，能自己玩遊戲室中的東西。CL的很注意呈現室中所呈現的東西是有極多的細節的，有畫樹，第二次畫魚，都尚未有人物。	第四～五次 CL似乎極平極謹慎，害怕犯錯，尚未有人物出現，但其畫色彩鮮明，精拳的方式先光明。至於其塗掉原先Co所畫之圈圈，而塗上自己所要顏色的行為，則可判斷此是CL處於極為專注的狀態之下。	為使CL不因權威（老師、大人）的存在而感壓力，以致難於開始，可以用玩遊戲、猜拳的方式，來達到和CL是平等地位的感覺，並放鬆其緊張狀態。		1. 詢問CL的導師，CL在家中是如何被對待，是否常受處罰？以求證為何常能保持同一跪姿30分鐘而不動？ 2. 建議CL導師多給其表現機會，協助他踏出自己的疆界，以催化改變。

（續上表）

〈說明25〉延長原定治療次數之原則。當結束期將至，而CL的問題似乎正在宣洩階段，此時，最好能再延長幾次，以便能有一個完整的療程。

一、擬討論主題	二、督導的回饋（問題概念化的分析）	（技巧的示範／一段實例之說明）	三、建議改進之方法及作法
個案C概述 第三組： 1. CL不理會Co的問題，想到時就拿筆在畫紙上寫答案。 2. CL變得會在教室中打人，且死不認錯。 3. CL身上常有傷痕，懷疑在家遭虐待。	第六次： CL似乎正在治療自己。此時是新的關鍵期。周圍的環境是否能給予她正增強。老師、母親的處理都能有效的話，則她可以有新的學習機會。	實例： 1. CL在畫整張A4景時，畫具體物體時，力道較輕，則較重，這一次要畫一次似乎顯清楚自己所要畫的，平都先描邊，再塗色，色彩便不混亂了。 2. 會將上課中所學的畫出來。 3. 常畫三角形的大頭，手腳則似乎不太會畫、人物畫重疊。	1. 建議延長2～4次。 2. 當CL再畫這種塗滿整張紙的畫時，觀察一下其臉部表情。 3. 由此案例可學習到在處理此問題時，該如何處理家長？

（續上表）

一、擬討論主題	二、督導的回饋（問題概念化的分析）	（技巧的示範／一段實例之說明）	三、建議改進之方法及作法
個案D概述 1. CL似乎仍未進入狀況。 2. 以前以為CL喜歡畫圖，但CL都不動畫具，反而玩撲克牌，可能是受到另一CL也玩撲克牌的影響。	1. CL和Co似乎是行政措施下的犧牲者，中間尚有「班級」這個阻隔。就如野狗，因長期遭受不友善的對待，他不會因為突然有個人對他好，就馬上能轉變過來。這當然是不可能的。 2. 此CL有下列傾向： (1)爭取寵愛； (2)爭取肯定； (3)爭取疆界。 CL本身就是較被剝奪的，所以實務上他所受到的安全感的威脅是更大的。 3. 心理治療過程的假設是一個人在放鬆、能量提升到一個地步後，便有能力去思考自己的問題。若尚未到那一步，表示他還沒有準備好，那時不管你如何好意，加給他的東西就和灌輸式教育的效果差不多。	實例： CL上週曾要求和另一個同學一起做，但之後又反悔，且跑去玩了20分鐘。在遊戲室中要求玩「換紅點」，頻放鬆肢體，玩完還會Co計算替得分。CL似乎不限在平輪贏，在遊戲以外的（打人）攻擊行為猖在。	有成員建議：是否應將個案的家庭狀況介入，讓CL明白其環境不好，現實可以再如此不振作（督導者的治療之立場）？如果看法則是：如果能找到一個人對CL有關懷之心，就能使其「安全依附」的機會增多一些！

〈說明26〉太熱心幫忙個案的治療者，如引對方說話，多方鼓勵此CL發表意見等，是否就是有效的治療者？

（續上表）

一、擬討論主題	二、督導的回饋（問題概念化的分析）	（技巧的示範／一段實例之說明）	三、建議改進之方法及作法
個案王 1. 個案上週心情不好，所以跟籃球供他此次宣洩。此法如果然奏效；他一直打到繩斷為止。 2. 回答關於父母問題的態度不同，對「父親」的問題樂於回答，對「母親」則否。 3. 本週換了另一位Co，新Co較多話，但CL之回答字數仍極簡短。	1. 第一次玩的玩具會玩得比較久，故第一次的紀錄很重要，可看出日後是否有改變。 2. CL的家庭動力有問題，該如何切入？既然認為CL的問題，母親要負較多責任，為何Co還鼓勵孩子向父母要玩具？似乎連不起來。此CL在遊戲室所玩的內容是一個孩子不受重視而生的憤怒，如此單單讓其發洩，不就夠了嗎？	實例： 1. 打球打了13分鐘，面無表情，共歷經發洩→繳和兩階段。 2. 玩遊戲中間CL小時候是否曾跟父親洗澡，懷念不懷念？可再向父親要一起洗澡。 3. CL打鼓很大聲，Co會第一次說限時，CL會一邊小聲打一邊自語「不可以大大聲」，當Co第二次限時，則不再理會，怎麼辦？	1. 控制Co自己急切希望對方得到幫助的心態。 2. CL在遊戲室中有很多事想做，是好的現象。Co可否放下意圖介入之習慣，僅做跟隨？ 3. 控制自己介入的時機，並次數，說話的方向。注意自己介入的動機。 4. 離開眼前，若是CL的發洩尚未完成，是否考慮替他找一個不受干擾的發洩環境？沒辦法時，則讓他一次次的學習自我控制，但此CL目前似乎較難發洩。發洩未完，需要自然走向自我控制。

（續上表）

一、擬討論主題	二、督導的回饋（問題概念化的分析）	（技巧的示範／一段實例之說明）	三、建議改進之方法及作法
4. 發現 CL 的問題主要來自家庭。Co 希望 CL 不要因自己對父母差別待遇的感受強烈而心感不甘，鼓勵 CL 爭取和弟妹一樣的待遇（如要玩具），但 CL 的父母已經長大，所以不太愛管他或陪他玩。 5. Co 曾對 CL 設限，打鼓不能太大聲。	3. 控制 Co 急切想要對方得到的心態。分清是為自己的需要在做事，還是為 CL 的需要在做事。 4. Co 如果能信任 CL 為有能力解決問題的人，CL 也接受了 Co 的暗示，則可產生新的自我控制。 5. Co 介入頻繁，可能雙方關係會愈來輕鬆，但這不一定等於就會有改變發生！	4. CL 離開前，提醒他：「日後若有情緒，可找一個不傷人的發洩方式。」	

（續上表）

〈說明 27〉治療結束前的注意事項：其一為與個案共同回顧所達到之進步；其二為後續晤談之處理。

被督導者姓名	遊戲治療次數	督導日期	督導者
第七組	第十二次	86年6月8日	何教授長珠
一、擬討論主題	二、督導的回饋（問題概念化的分析）	（技巧的示範／一段實例之說明）	三、建議改進之方法及作法
個案F概述 1. 此次為最後一次，同時此CL亦將畢業。沙箱作品內容和實際預演情況稍有不同。 2. CL對即將結束治療，似乎有失落感。 3. 未來CL上高職部後，Co是否仍有時間再對CL做治療，Co本身並無把握，故只表示可能再找他來做一次的追蹤治療。	1. Co如此的表達似乎太有權力了！在決定是否再做治療上，CL似乎只有被選擇的份，希望小心不要造成CL無奈的感受。 2. 此次個案Co更相信以後可用此方式去幫助其他人，不只是一件事的結束，Co及CL的需求也必須被處理到。所以對CL說「會再找你來做一次追蹤治療」，似乎有點無情。雖然CL的IQ較低，但也是有感受的。所以這件事的完整處理應包括到當初Co是如何和CL說這件事的。	實例： 1. 以沙箱做出畢業典禮的故事，畢業生致勵中，獲最大鼓勵的是CL。塑膠小人整齊排列，他排中間，兩旁是校長主任。但實際預演之狀況並非如此。CL仍很在意自己只須校長獎，而別人卻上台領2次獎。 2. 做戶外教學時的沙箱時，圖重複的部分很多，圖是開的。第二次做時，開始會唱歌，猜想是在行解釋畢業典禮的完。 3. 詢問升上高職後，可否再來，Co的回答是不一定。	在諮商快結束時，陪CL看一些以前做過的事片段，例如做如錄影帶及作品。對一起回顧整個過程，對CL成長有益，讓他產生凝固經驗J的體會，瞭解到自己是真的有所改變的。

五、另八次遊戲治療之處理策略

被督導者姓名	遊戲治療次數	督導日期	督導者
第三組	第七次	86年6月18日	何教授長珠
一、擬討論主題	二、督導的回饋（問題概念化的分析）	（技巧的示範／一段實例之說明）	三、建議改進之方法及作法
個案A概述 CL這週畫的是「晚餐」，在畫中，CL呈現出來的是媽媽在廚房中準備晚餐，爸爸與弟弟、妹妹圍坐在餐桌旁，而CL則獨自一人在角落裡。 在這次畫完之後，CL不理會Co的問話，且一動不動就哭了。 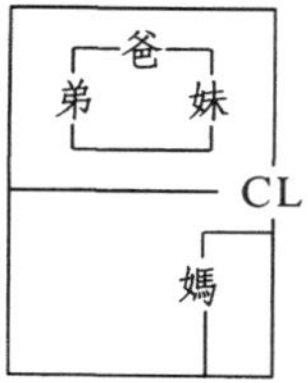 （圖：弟、妹、爸／CL／媽）	1. Co分析可能是自己做導師的角色產生的角色衝突；再加上Co本身個性較直接（爽朗），使得與CL的關係易陷入僵局。 2. Co對「性」的問題好像特別有興趣。 3. 老師與同情間對CL的瞭解是否有差異？ 4. CL是否以行為的表現來引起別人的注意？ 5. 心理上的煩擔會導致學業成績的退步嗎？	1. 老師邀請學員解釋CL所作的畫。 2. 整個圖教育意義的部分是CL在圖中好像是被孤立的（老師的解讀）。 3. 圖中部分，CL將父母親的房間中床鋪畫成黑色，情境裡是否有某種的意義在？因為CL的房間與父母親房間接近，另外隔壁（板壁）不太好，是否曾聽見了一些事？ 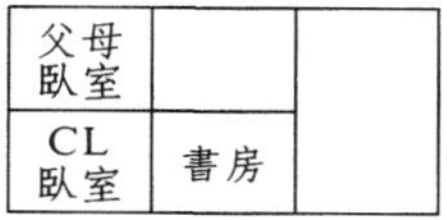 （圖：父母臥室／CL臥室／書房）	1. 請CL與家長聯繫或做家訪，讓家長瞭解CL目前的情況。 2. 請一些與CL較合得來的朋友，多與他發生互動。 3. CL可能因自卑而產生自我封閉，故儘量讓他有正向的經驗。 4. 請班上的學生（13人）輪流指導CL、幫助CL在學業上的成就。 5. 請Co設法瞭解CL父母的管理方式，並用同理心的談話，來影響父母的管教態度。

〈說明28〉暑假將臨，結束在即，但個案的問題似乎仍處於第一階段，這時該怎麼做？

（續上表）

一、探討論主題	二、督導的回饋（問題概念化的分析）	（技巧的示範／一段實例之說明）	三、建議改進之方法及作法
個案G概述 CL在最近連續做了三次（每天一次），在第六、七、八次和第六次是畫畫，第七次玩沙，第八次是玩沙（CL的父母是今年二月離婚）。	1. 由CL玩遊戲（沙）的姿勢之「靜止性」（不移動之睡姿）與玩邊的角玩具會拍得很乾淨的角度來看，CL是一個非常謹慎的人。 2. CL不太喜歡Co的介入、喜歡孤獨。 3. CL在沙中所排出的戰爭隊形，較少兩軍對立的場面。	1. 沙箱中CL所用到的位置只占了一半左下部。 2. 如果依據理論（沙箱的區下角為意識的區域），CL的問題可能還在潛意識中蘊釀。 附圖： ［附圖：車　士兵］	1. 因為CL的情況仍像在第一階段，惟實際上已是第七次了，不知是否有可能繼續？ 2. 另外若無法繼續，一定要做個「正式」的結束」。 3. 建議CL的家中，是否可以設立一個沙箱？ 4. 若下學期要再繼續，最後一次的成品的拍照是重要的。

（續上表）

〈說明29〉繪畫治療有關的注意事項。

一、擬討論主題	二、督導的回饋（問題概念化的分析）	（技巧的示範／一段實例之說明）	三、建議改進之方法及作法
因上次督導的要求，帶來了CL全班13個人的圖畫作品「晚餐」，另外CL在此次所畫的圖是「我最喜歡的人」。圖中畫的是妹妹和姑姑。還有一張是遊戲室中為了瞭解CL在遊戲室外所畫的圖是否有所不同，而要求全班畫的日常描圖。	1. 這次CL所畫的圖中，前幾次畫的「水果」變成了此次的「石頭」。 2. CL的方向感與別人不太一樣（尤其與班上的其他同學比起來），可從圖中發現裡面真的有一些心理上的東西存在。 3. 從CL所畫的兩幅畫來說，媽媽是CL心中最重要的，其次重要的人是妹妹和姑姑。 4. Co從在CL畫「媽媽」的那幅圖中要求CL畫出「自己」的位置。但CL畫下一個人後，卻標示那人是妹妹。這其間的矛盾和衝突是可以理解的──因為CL畫下了那個人後，若要標	1. 看畫時，欲解釋其中意義，應考慮的向度包括主題、次序性、顏色、形狀、及前次諮商的關係及階段。所以此時CL從三次的畫水果而進入此次畫出石頭，是否有某種意義存在？ 2. Co在這歷程中做了兩件重要的事：一件是Co要CL去確定自己在媽媽、妹妹之間的位置，這是有助CL確立自己生存的空間。另一件事是，CL在作畫的過程中，曾暗示CL的人會笑了（嘴角上）。這是否可以暗示CL有一個應來愈明的適應關係來發展？ 3. 在繪畫治療中給CL的	本來Co想利用最後一次的時間送CL一些小禮物，像鉛筆盒之類小女生喜歡的用品。這禮物可為「一本畫紙和一些畫筆」。如此，當地想畫畫時可以有所表達，並在開學時，拿來給老師看。老師則建議是否

（續上表）

一、探討論主題	二、督導的回饋（問題概念化的分析）	（技巧的示範／一段實例之說明）	三、建議改進之方法及作法
個案D概述 CL這次進行的是第八次，CL一開始進入就玩沙箱，後來玩接克牌。 1. 以小獎品當誘因是否會影響CL對輸贏的概念？ 2. 如果CL從未玩過某種媒體（如畫畫），是否可以直接要求CL畫畫來瞭解CL的進步或（改變）？	示為CL自己，這與CL意識程度的真相不符，故CL還是標示出「妹妹」——CL認為媽媽心目中最重要的人。 其實小獎品的影響並不是很大，且CL的問題是並不很計較輸贏（如CL對其成績等之表現並不很在乎）。	紙儘量不要以白色為主，應該讓CL自行決定他要的顏色。	建議：對此CL，下學期能繼續做下去。

（續上表）

＜說明30＞自主性與治療效果間之關係。

被督導者姓名	遊戲治療次數	督導日期	督導者
第五組	第七次	86年6月18日	何教授長珠
一、擬討論主題 個案E概述 CL在這星期間經歷了第七、八次。第七次玩保齡球（排了18種玩法）、第八次玩小兵遊戲（開始容易求救兵，英雄仿似求陣亡）。 CL相當在乎輸贏，且很執著著輸贏。 CL在第八次時會運用同儕的助力。 CL在第八次時有重大的進步。其測驗所得的自主性等第極高（90%，惟個人價值則只有2%，相屬性也只有4%。出現明顯性的矛盾。	二、督導的回饋 （問題概念化的分析） 1. CL有愈來愈多的自主性出來（尤其是第八次是肯定地說不）。 2. Co認為CL有很大進步的原因是： (1)受到重視的感覺。 (2)內在潛能很高（因為聰明，先天性條件較好），好強、求好性高。 (3)背後有較健全（父親）的支持。 3. CL真正的問題尚未出現（與母親的關係）。	（技巧的示範／一段實例之說明）	三、建議改進之方法及作法 1. 與家長聯繫。 2. 有機會再去另一個8次的治療時，可考慮納入親子遊戲治療。 3. 建議Co在專業成長上可考慮夫阿德勒學派與公平學派的遊戲治療模式。

（續上表）

被督導者姓名	遊戲治療次數	督導日期	督導者
第六組	第七次	86年6月18日	何教授長珠
一、擬討論主題 個案H概述 1. CL在第六次玩沙箱，出現「人對人的對抗」不好的動物與士兵對抗，要殺死士兵。兩個督察來拯救之（CL及Co），在第七次時，CL開始對自己產生信心，認為自己是一個很英勇的人（因為以前CL對自己相當沒有信心）。 2. CL漸漸地（從第四次）會要求Co做東西（使喚Co），Co不知道要不要照做？ 3. CL也要求能帶寄居蟹來玩。 4. 本次CL亦首次承認其父賭博被抓的事。他在遊戲中，演出「父親命令我，一個奇	二、督導的回饋（問題概念化的分析） 1. 可能CL在試探Co的底限，與想帶寄居蟹來玩之事有異曲同工之處。	（技巧的示範／一段實例之說明） 1. 表示CL的自主性增加，也可視為是CL在練習與人發生關係的方式。例如：CL以命令的方式來求Co做的方式來詢問的向CL事，而不以詢問的方式來徵詢該如何做，此時Co可以笑瞇瞇的向CL說：「你在請我幫你忙嗎？」如果CL要求他玩得太投入而忙不過來時，則Co不必用上述方式反應。因此時CL需要的不是社交技巧的練習。	三、建議改進之方法及作法 1. 視個案真正的需要立即做一個拯救者？關係者？）來提供介入。 2. 千萬不要以教導的方式來介入，而要以行為和經驗來讓CL學習。

（續上表）

一、擬討論主題	二、督導的回饋（問題概念化的分析）	（技巧的示範／一段實例之說明）	三、建議改進之方法及作法
第三組	第七次	86年6月18日	何教授長珠
一、擬討論主題	二、督導的回饋（問題概念化的分析）	（技巧的示範／一段實例之說明）	三、建議改進之方法及作法
個案B概述 CL在故事中永遠不會出現雙親，甚至在圖中不會出現壞墓，並且交待在此！母親就是埋葬在「月亮」在CL的圖中出現「月亮」，是否有特別的意義？	1. 請各位看看圖中CL所畫的房子，不知是否安全？因為CL把房子畫在懸崖邊。 2. 各位也嘗試從CL幾次所畫的圖畫中，分辨出其每次在遊戲室中的情境，可見他一直想念記他的父母，但是還未如願，所以他必須埋葬一次又埋葬一次。 3. 另外，「月亮」所代表的涵義有多種。例如：媽媽、溫暖、憂鬱等，但月亮可能代表CL的心理活動，也就是在夜間睡覺的時候，才能處理他的白天想隱藏的部分。	1. 是否CL目前的困難是沒有歸屬感，也沒有安全感來依託？但是對外在未來仍存有希望的（因為CL所畫的各式各樣的魚，色彩均非常鮮豔）？	1. 建議CL可以接受團體遊戲治療，以訓練CL的社交能力。 2. 希望級任老師在處理他早熟的感情時（述上高CL一年級的女生），能多採同理他的情感的方式，來認同他的感情，分，讓他的感情有所依託。 3. 另外是否可在學校推行義工或學姊、學弟、姊制，來幫助CL在感情上得到支持？

背景資料：
CL家靠海不遠
CL個案現與姐弟寄住叔叔家

（整理者：歐慧敏）

拾

遊戲治療在國小之實施

一、遊戲治療在國小實施之重要性

　　遊戲治療在國內之實施，目前雖仍在起步階段，但基於兩點理由，作者確信，其前景是非常燦爛的。這兩點理由是什麼呢？第一，遊戲治療主要的服務對象本來就是兒童，**除非國小不做輔導，否則無法排除遊戲治療此一主體**。其次，遊戲治療由於其由內（潛意識、自我概念）而外（情緒困擾、行為及學習問題）的影響歷程，具有「自我療癒」之特性。治療者雖可服膺種種理論、身懷各種技巧，但基本上只要能提供「安全感」及「同理」、「設限」三種技巧，便可達到不錯之效果，這使它成為改變國小兒童問題的最大利器。國內目前有關的研究，雖然還未蔚成風潮（見表十），但有興趣的從事者日多（劉焜輝、葉貞屏、陸雅青、蔡麗芳、何長珠等），也是不爭的事實。

二、國小實施遊戲治療之步驟

　　作者於民國 86 年初，經由彰化教育局陳淑美專員之推薦，取得教育部訓委會的一筆補助經費，對縣內 24 位國小有關（認輔）教師（其中包括 4 位教育局同仁），進行為期 15 週（每週 3 小時，共計45 小時）的遊戲治療工作坊。內容除包括上述之理論、歷史、技巧、階段、媒體（沙箱、繪畫）等理論與文獻外，更大的特色是組合參與成員為 2－3 人一組（治療者、攝影師與觀察員）的工作小組，並在作者及研究助理孫尤利之督導下，組成一個以個案研究為導向的實務研究團體，於後半部分的 7 週中，進行討論與督導。其中，除過

表十　國內有關遊戲治療研究之論文摘要題目（按年代順序排列）

編號	研究者	時間	內容摘要題目
1	李湘屏	民75	以國小適應不良兒童為對象，進行8次的沙箱治療，結果並沒有達到顯著差異。
2	李淑芬	民76	以幼稚園幼兒為對象，以社會關係與社會能力較差者，進行9次的遊戲治療。結果在社會關係之「社會關係好偏度」以及社會能力之「工作能力」、「陌生及公共場合的反應」、「主動性」、「人已關係的瞭解」、「語言能力」及社會總能力上，具有立即性效果。
3	劉慧俐	民76	對國小四年級學生做25次的講故事與布袋戲的團體遊戲治療，發現能達到輔導的目標。
4	吳百能	民77	對國小三年級的孤獨兒童，做16次的非指導式的團體遊戲治療，結果實驗組與控制組並無明顯差異。
5	邱美華	民81	以國小五年級適應欠佳學生，進行10次的繪畫治療團體。在自我概念及行為困擾量表上，控制組與實驗組並無明顯差異。而在後續測量中，兩組在「自我發展」、「家庭生活」上達到顯著校生差異，但在「人際關係」上則否。

（續上表）

編號	研究者	時間	內容摘要
6	劉焜輝	民82	介紹以遊戲治療對緘默症（mutism）、拒絕上學症（truancy）、智能不足（mental tardation）、自閉症（autism）的遊戲治療階段及效果的描述。
7	劉念肯	民83	介紹以一個6歲語言遲緩男童為對象，進行1年的遊戲治療，結果個案在過動、注意力不集中、強迫性反應方面均已減少。
8	葉富江	民83	對語言遲緩的兒童做遊戲治療，以協助語言的教學。
9	何長珠	民84	以3名受虐兒為對象，實施8次的遊戲治療，結果在情緒反應、身體距離、臉部表情、口語情況、遊戲故事情境上有改善。
10	蔡麗芳	民84	對9名個性內向、害羞、退縮的國小兒童，進行10次的阿德勒學派的團體遊戲治療，發現在「自卑感」上明顯降低，而在「社會興趣」及「生活型態」上並無明顯差異。
11	馮觀富等	民85	介紹一位認輔兒童，以遊戲輔導、說故事輔導及一般的諮商輔導為輔導策略，每週一次共16次的輔導，結果個案的自信心增加及潛能漸漸發揮。

（添尤利，民88）

（續上表）

編號	研究者	時間	內容摘要／題目
12	張火利	民87	應用遊戲治療於國小認輔兒童之實證研究，收7名受訓輔導教師之7名所進行之八次遊戲治療錄影帶資料，故分割為90個單位（每單位12分鐘）並自目遊戲材料，「故事主題」、「口語」與「非口語」等向度進行分析。結果發現有四位個案出現進步之表現；另有一些有關問題有待日後更多之研究。
13	王英珠	民87	應用阿德勒學派遊戲治療以處理小四行為困擾兒童12人（另控制組12人）進行每週兩次各60分鐘，共10週之處理。結果發現部份項目（容貌、人際關係、自卑）有立即效果。
14	葉貞屏	民87	兒童中心式遊戲治療中兒童問題行為改善歷程研究
15	魏渭棠	民88	對16位家長進行10次30小時的親子遊戲治療團體工作坊訓練結果發現對家長之親職壓力減低滿意度增高；對子女之社會能力進步，另外互動部份亦有改善。
16	李玉卿	民89	以三位小三音差兒童的17次兒童中心之遊戲治療來進行每次45分鐘的遊戲治療結果發現其音差情況均有改善。
17	黃慧涵	民89	探自然主義的研究取向，對三位身體受虐兒分別進行22、13與15次不等的遊戲治療，發現三位個案分別以退縮與攻擊兩種型態與人建立關係而治療之進展，則以直線發展與循環發展兩種模式進行。

（何長珠，民91）

程督導部分，因資料過多另歸為一類外，此部分將就一個國小如何實施遊戲治療的步驟，予以介紹和說明，以供有興趣者之參考：

1. 決定研究的對象（個案問題的類型、家長及導師之立場、個案之動機）。

2. 決定學校的支持內容（場地、經費、人事、家長、導師及行事曆之調配）。

3. 工作小組成員之前測（領導類型與輔導知能）、工作任務及時間之分配、有關設備（攝影機）之洽借準備。

4. 遊戲室設備之檢核與修正。

5. 個案前測之實施、觀察基線及家庭資料之建立。

6. 攝影帶效果之檢核、剪接。

7. 過程紀錄之填寫、主題方向之確立、作品登錄與拍照。

8. 突發事件之處理（常與當事人、導師及家庭之資料有關）。

而與上述資料有關之表格，亦有八種，試列如下：

表A　彰化縣國小教師遊戲治療工作坊理論架構表

小有關教師→　接受 ⎰8週理論共45小時之訓練⎱教師在領導類型輔導智能上之改變
　　　　　　　　　 ⎩8週實務　　　　　　　　　⎭
　　　　　　↓
　　　　　　對受輔個案進行8週每週一次40分鐘之遊戲治療→個案之改變

表B　彰化縣國小教師遊戲治療工作坊每週工作進度檢核單（除上課外）

週次	日期	教師	孫尤利（研究助理之工作）	何長珠老師（作者之工作）
1	86.3.29〜86.4.5	·定向工作	·建立名單	·說明本課程之進行方式、內容與目標
2	86.4.6〜86.4.12	·觀看遊戲治療之教學錄影帶	·教師前測之實施及計分、登錄	·解說錄影帶
3	86.4.13〜86.4.19	·遊戲治療室設備 ·認輔個案的甄選 ·組員建立名單（任教年級：個人資料、輔導相關背景）及工作分配	·認輔兒童行為檢核表 ·認輔兒童的甄選標準（兒童問題困擾檢核表） ·遊戲治療工作計畫進度表 ·研究架構表 ·遊戲治療設備檢核表	·說明本遊戲治療研究計畫 ·介紹個案的特質 ·說明甄選標準 ·說明「個案的行為檢核表」 ·說明「遊戲治療設備檢核表」
4	86.4.20〜86.4.26	·認輔個案的確定 ·前測工具的準備 ·遊戲治療室設備檢核 ·工作分配	·認輔個案的選擇及基線之建立 ·成立測驗小組 ·個案之記錄 ·攝影師的確認、下週的試拍帶	·蒐集個案較完整之資料 ·說明個案記錄之格式及注意事項 ·研究小組之工作確認（攝影、選擇映放部分、錄音督導內容並填

（續上表）

週次	日期	教師	孫大利（研究助理之工作）	何長珠老師（作者之工作）
5	86.4.27〜86.5.3	• 認輔個案的篩選及確定 • 認輔個案的前測 • 觀察基線的建立 • 遊戲室設備完成 • 每組的治療錄影帶 5－10 分鐘自拍的錄影後上遊戲治療課早或延後之時間（提課之時間） • 測驗小組整理前測分數	• 每週每組遊戲治療所用媒體之登錄 • 找出研究助理或研究小組 • 認輔教師工作分配表 • 自製問卷 • 登錄各組教師及學生的前後測分數 • 遊戲治療者技巧觀察表 • 家長同意書	• 寫過程紀錄 • 討論各組的試拍帶 • 每組治療者的確認 • 蒐集作品、錄影帶並登錄 • 自七組中選擇有關主題，並蒐集各組的作品
6〜13	86.5.4 86.5.10〜86.6.28	• 第一次遊戲治療及督導 • 遊戲治療媒體記錄 • 個案問題行為評定表（級任教師用）	• 研究小組編碼(coding) • 錄影帶 • 帶阿德勒派之文獻 • 準備實務問卷 20 題（治療者、一般學校）	• 準備理論問卷 20 題（治療者、一般學校） • 開始 8 次的過程督導（回饋、建議與示範）

表C　彰化縣國小教師遊戲治療工作坊組內工作分配單

工作分配說明：

　1.遊戲室設備和器材的準備：遊戲室設備檢核表。

　2.蒐集測驗工具。

測驗工具包含下列三種：

　　(1)天馬式社交測量：劉焜輝編製，請準備兩個班級數（約100張）社交測量用紙、指導手冊一本、社交測量電腦計分磁片一張。

　　(2)兒童自我態度問卷：郭為藩編製，請準備兒童自我態度問卷答案紙兩張、題本一本、指導手冊一本（小學中年級以上適用）。

　　(3)幼兒人格測驗：路君約編製，請準備幼兒人格測驗答案紙兩張、題本一本、指導手冊一本（小學低年級適用）。

　3.認輔兒童之篩選及確定。

認輔篩選程序如下：

　　(1)由學校一到六年級之級任老師根據「認輔兒童行為檢核表」推薦認輔學生，並評定行為發生次數。

　　(2)被推薦的認輔學生施以天馬式社交測量、兒童自我態度問卷或幼兒人格測驗。

　　(3)找出天馬分類為孤獨兒者為可能個案（若有數個則隨機選擇，學生未達標準則選擇分數較低者之孤獨兒）。

　　(4)建立個案資料，獲得導師及家長之同意書。

　　(5)聯絡個案，確立遊戲治療之時間、地點。

項目	項目	次數	說明
一、情緒不舒服的	1. 遊戲中斷		
	2. 情感的品質（強度以文字描述）		
	3. 衝突性遊戲之頻率		
	4. 身體僵硬之程度		
二、能力	1. 嘗試可能／不可能任務之頻率		
	2. 選擇適當的玩具來表達某概念		
	3. 從一個活動換至另一活動（未完成前者）之頻率		
	4. 公平使用規則之頻率		
	5. 使用合宜言辭（不用詭計、怪招）之頻率		
	6. 邀請治療者一起玩之頻率		
	7. 清楚表達之頻率		
	8. 以第一人稱敘述個人感受、困擾之頻率		
	9. 不經猜測即做出決定之頻率		
	10. 不必要的尋求協助之頻率		
	11. 尋求注意或親近（對治療者）之頻率		
	12. 挫折忍受力之頻率		

（續上表）

項目	項目		次數	說明
三、防衛		1. 對焦慮的退化反應		
		2. 退縮反應之頻率		
		3. 在表現社會不接納的行為後出現社會性行為之頻率		
		4. 對治療者不適當的攻擊之頻率		
		5. 刻板行為之頻率		
		6. 刻板的、重複的方式出現之頻率		
		7. 遊戲焦點在事情而非人或動物之頻率		
		8. 以反對或退縮之方式，來拒絕治療者之頻率		
四、幻想性遊戲		1. 幻想到現實之間的突然轉換		
		2. 遊戲中制定之規則		
		3. 自幻想故事中編織出的景象（數量之頻率）		
		4. 創造性使用玩具之方式		
		5. 使用玩具之頻率		

（Howe & Silvern, 1981；何長珠整理，民87）

表 E　個案基本資料說明

一、背景資料

學校：	班級　　年	姓名：
性別：	外表特徵：	

二、客觀測驗資料　　　　　　　　　　　前測／後測分數

人格方面	幼兒人格測驗 ·個人適應 ·社會適應		
行為方面	認輔兒童行為檢核表（請附表一之資料）		
人際方面	天馬式社交測量 ·社交地位指數 ·天馬類型		
學業方面	國語文成就測驗 ·原始分數 ·百分等級		

三、家庭（包括家庭圖）資料

（續上表）

㈠父母背景資料（聯絡電話／人：　　　　　　　　　）

背景資料	教育程度	職業	社經地位
父			
母			

㈡父母管教態度（老師家訪，句）

管教態度	(1)權威	(2)保護	(3)放任	(4)拒絕	(5)不一致	(6)民主
父						
母						

㈢夫妻關係：(1)良好；(2)普通；(3)欠佳

㈣特殊資料之補充

　　┊

四、問題焦點（教師電話／姓名：　　　　　　　　　）

	要處理的問題焦點（條列式）	問題代號（參表一）
家長		
級任老師		

五、個案問題的概念化（輔導者填，列舉式）

表F　個別遊戲治療之過程紀錄表

日期			時間	地點	次數		個案代號	治療者／組別
年	月	日	分鐘		第	次		

一、過程摘要
第 0—10 分：
第 11—20 分：
第 21—30 分：
第 31—40 分：

二、個案本次的主要進步
　1.
　2.
　3.

三、玩具使用
　1. 種類：(1)繪畫；(2)積木；(3)沙；(4)黏土；(5)娃娃家；(6)音樂；(7)其他
　2. 出現次序／比例（占全部使用時間）：(1)　　(2)　　(3)

四、非口語特徵
　1. 臉部表情
　2. 情緒反應
　3. 姿勢
　4. 特殊動作
　5. 身體距離

（續上表）

五、口語
1.個案的口語內容：(1)喃喃自語；(2)短音節；(3)主題語句實例 ①②③
2.個案的口語量（占全部遊戲時間）

六、故事主題

七、成品說明（附成品：照片或圖片說明）

八、本次治療者的重要介入
1.時間
2.內容
3.個案之反應

九、本次所引發的治療上的問題（督導回饋，見表H）

十、下次治療前之準備／注意方向

（何長珠，民91）

表 G　遊戲治療者之技巧檢核表

題號	技巧	內容	有效度					次數		
			1	2	3	4	5	低	中	高
1	引發（初始階段）	正式的外在的談話（如介紹遊戲治療之定義）								
		解釋治療室之情境（設限）								
		起初的引發（「你想做什麼？」）								
		特別的建議（「來做積木吧！」）								
		再確認、增強								
2	專注（非語言）	簡單的關注（眼部、表情、身體）								
3	澄清	要求澄清								
		詢問資料								
		給予資料								
4	協助	給予直接、實際的協助（參與遊戲）								
5	自我開放	說自己的情緒、感受								
		分享治療者本人之經驗								
6	支持	給予情感（關注的、溫暖、親愛）								
		反映個案所期望的（如接受邀請）								
		肯定個案的感受								

（續上表）

題號	技巧	內容	有效度 1	2	3	4	5	次數 低	中	高
7	鼓勵	克服抗拒（如再試看、相信你能） 再確認、增強								
8	複述	摘要、包括簡短點頭、嗯哼等口語								
9	同理	反映個案之感受								
10	同意與否	同意個案的敘述 不同意個案的敘述								
11	建議	給予意見或主張								
12	解說（心理動力）	聯結本次或前後次的主題為有意義之資料								
13	設限	溫和的限制 設限禁止								
14	處罰	身體的限制、處罰								
15	隱喻	以比喻的方式來表達對個案的某種看法								
16	說故事（完成句）	以正向或負向的故事來改變個案原先之位置								
17	身體接觸	如拍頭、撫肩、握手等接觸性動作								

（Hellendorn, 1979；何長珠整理，民91）　有效度：1代表很低；5代表很高。次數：低—2次以下；中—3～5次；高—5次以上。

被督導者姓名	個案姓名	督導次數／日期／	督導者姓名
被督導者學校	個案編號	地點／時間	督導者時間

一、問題說明

二、治療者擬討論之問題

三、督導回饋

(一)問題概念化之分析

(二)一段實例對話（5'左右）之呈現

（續上表）

（三）新作法之示範

（四）改進方向作法之建議

三、實施結果與建議

關於這部分更詳細之資料，可參考孫尤利（民 87）已出版的碩士論文「遊戲治療對國小認輔個案效果之研案」。大體而言，**大部分參與的教師都能發現個人在輔導概念與作法上的明顯變化**。下面將摘述一些看法，以為佐證。

・（南郭國小的靜雯）：以前對學生要求很高，上了這學期的課後，才發現學生的改變是需要耐心和時間的。

・（南郭國小的蕙英）：從教授處所體會到的氣質上之「安和、寧靜」，使我深刻感受到遊戲治療者是如何自內在發出影響力的。

・（同安國小的雪梅）：很驚嘆教授敏銳而正確的診斷假設，現在終於明瞭本校個案愛脫全班褲子的原因了。

・（明正國小的嘉茜）：學完本課程，感覺自己像初破殼的小鳥，非常喜悅，但也摻雜著畏懼，感覺前途仍有很多挑戰，等待著自己去成長和克服。

・（明正國小的娟娟）：雖覺得有收穫，但仍盼望有機會能更深入。

・（明正國小的美滿）：好像喝茶、愈來愈有味道！

・（明正國小的月霞）：學到如何以「微觀」（看問題下面的問題）的方式，來瞭解孩子的問題。

・（萬合國小的淑敏）：不但增加自我瞭解，也更增加處理學生問題的能力。

・（頂尾國小的金助）：在過程中不諱言有很多辛苦（像找個案、成立遊戲室、填寫工作報告等）；但另一方面，也頗有豐收和宣

洩、成長個人感受的收穫。

　　‧（喜樂保育院的英志）：主要是觀察教授督導時，所分享出[來]的清晰的與統整的觀念。

　　‧（彰化啓智的麗娃）：從一個惶恐不知方向的摸索者至成為[一]個遊戲治療的入門者。遊戲治療者所得成長歷程之豐富實不亞於個[案]本身的成長！

　　‧（頂尾國小的伶玉）：由於個案改變的成功，似乎也吸引[了]班上的學生，現在都很盼望成為「個案」！

　　本作者進而統整所有參與者之意見，彙集而成為四個方向的[建]議，以供日後有關工作者之參考。

㈠課程方面

　　1.可以增列「兒童問題與診斷」、「兒童行為之觀察」，幫[助]學員更容易掌握兒童的背景特性。

　　2.對於兒童發展心理學的背景知識，可以視參加學員的理論[背]景，彈性增加或補充。

　　3.課程中包含理論與實務，這種兼顧二者的方式很好，而且[印]象深刻，所以可以在未來的課程設計中繼續沿用。

㈡訓練方面

　　1.遊戲治療其實是偏重於兒童諮商的部分，所以學員原本[的]商技巧就很容易影響其遊戲治療的學習。而本次的認輔老師大多[對]於「同理心」技巧的實務訓練不足，故建議能開辦關於這方面技[巧訓]練的課程，師資可運用輔導資源充足的師大或輔導機構。

　　2.在本次的訓練上，學員已有遊戲治療之基礎，未來希望[能]

進階方面的訓練，例如：

(1)針對特殊學生（如智能不足、自閉症……等）來實施的遊戲治療。

(2)擴大對家長實施的親子遊戲治療。

(3)遊戲治療的進階督導。

(4)團體式的遊戲治療。

3.希望未來能結合輔導的人力、物力，成立有關遊戲治療的專業訓練機構，除專門從事遊戲治療的訓練推廣外，更可促使專業證照制度的早日實現。

〔三〕行政方面

1.大多數的認輔老師都同意遊戲治療的效果，所以期望未來的輔導室走向專業化時，國小的部分，最好是能有遊戲室的設備及師資，使未來從事兒童諮商和輔導的工作者，能發揮最大的輔導效果。

2.希望能編列預算，讓多一些的老師或有興趣的人參與，因為很多國小學校老師皆對遊戲治療有興趣，但名額非常有限。

3.未來為確保此次的遊戲治療效果能更凝固，及遊戲治療工作能更順利推展，宜集結相關系所及研究同志，逐步努力發展遊戲治療，使成立一個協會或系所，繼續推動後續的發展，以免這項國小輔導的改革成為一現的曇花！

〔四〕遊戲治療實務方面

1.此次的遊戲治療個案（認輔生為主），大多屬攻擊性的兒童問題，顯現目前學校問題兒童性質上的改變。輔導室平時宜加以留意，並可考慮加入小團體輔導的輔助方式。

2. 從個案的轉變，可以肯定付出愛心對於瞭解、協助兒童成長的強大力量。身為父母或教師，不要輕易失去對兒童的信心，*兒童需要的是你我共鳴性的瞭解*。

3. 若欲讓實務工作更紮實，輔導室的遊戲室設備、錄影機、單面鏡等硬體設備要更充實之外，一些師資及人力也需要學校當局更有心的協助。

四、案例說明

為協助讀者對遊戲治療有更具體的瞭解，此處將舉出兩個實例，以供有興趣者之參考。

㈠基本資料

甲生是中部國小中年級女生，家庭健全，家庭經濟條件佳，外貌端正，在校學業表現與人際關係佳，是別人心目中乖巧的學生。

㈡諮商說明

88年9月21日凌晨一場七點三大地震，瞬間造成甲生住宅大樓塌陷，三百多戶社區人家被埋困，全家人均受重傷，在漆黑恐懼中自救逃生，住進醫院多日，在物質與精神上形成空前的傷痛。

㈢諮商歷程

1. 本個案於初階時期接受遊戲式小團體輔導活動五次，個別

商三次，底下呈現簡錄二次。

　　2.追蹤個別遊戲諮商在 921 地震一年後進行八次，個諮前，個
亦參加八次震災學童成長營（小團體輔導活動），此八次簡錄呈
在後。

個案實例一

（丘美都，員林靜修國小輔導主任）

初階個別遊戲諮商一（88 年 12 月）：個案互動簡述如下

一、第一次進遊戲室，隨性排出聖誕節豐富的場景。

二、左邊是個案最近常看到的情形，（邊說邊操作）救護車來來回回的
　　人，挖土機不停的工作，這是在個案住的倒塌社區附近的情形。

三、右邊是個案希望有的聖誕節，（編排玩具邊介紹）屋子後院有烤肉和
　　火的有趣活動，大家都出來聚會，很多朋友都來參加，奶奶在屋子裡

四、個案表示震災後暫住奶奶老屋子，很懷念塌陷的家，那兒有漂亮的家
　　有許多玩伴。尤其是家中心愛的玩具沒了、爸爸的車和公司沒了……
　　而家人剛出院，必須定期就醫。

解　說

由故事主題，可題示當事人在震災之後的心理狀態：像是「節慶」與「拯
同時出現，懷念舊環境（失落）與忍受新挑戰（重複進出醫院）的雙重
之存在等。

初階個別遊戲諮商二（88年12月）：個案互動簡述如下

一、靜靜的排著暫住奶奶的舊式老家，上面中間的紅衣女孩是個案。

二、不喜歡右邊的猩猩、黑貓，以及下方的老人。

三、右邊的警察會保護我們。

四、四周的柱上有些雕像。

五、我喜歡左邊的皮卡丘，和右下角籬笆內的小天地。

六、父母的傷康復，但哥哥嚴重骨折，個案內外傷必須開刀。

解　說

仍然出現個案心靈中的對立狀況，像是「左」（喜歡的）；「右」（不喜歡）的分配以及「上」（自己），「下」（老人）的對照資料等。

有趣的是個案可以清楚地把自己擺在圖中醒目之位置，是否顯示她能意識到周遭所發生之事情？（覺察）

追蹤個別遊戲諮商一（89 年 11 月）：個案互動簡述如下

一、另外購買的新家很漂亮，個案很喜歡。左下角的蚱蜢很可怕，新家屋外的蜘蛛也很可怕。

二、上方奇特的石頭是祖先留下來的，能從塌陷的家中挖出來，實在很幸運，因為爸爸說它會保佑我們家。

三、沙盤中家人正快樂地看電視，左至右，分別是哥哥—媽媽—個案—爸爸，我們一家人都很好。

四、個案此時因新屋恢復正常生活，個案很喜歡新家（連輔導者也喜歡那樣的家），內傷定期用藥，外傷定期手術並復健。

排此圖時，已比上幅圖又過了一年，從人物的完整（父、母、兄、自己）和「新」家的傢俱排列（平衡組成—中心）來看，似乎可以體會個案的心理狀態已較前平穩、凝固。而自其所用的形容詞中，亦可看到對未來希望的擁抱之感。

追蹤個別遊戲諮商二（89年11月）：個案互動簡述如下

一、個案排出白雪公主和小矮人的故事場景。

二、個案表示地震前家裡有許多又棒又漂亮的書、有許多玩具，地震後都沒了。

三、敘述地震當時，家人在惶恐中逃難的過程，家人被壓住，個案被媽媽抓住手，在漆黑中跳樓自救，也因此受傷，家人攔車到醫院就醫，並住院一個月的恐怖記憶。

四、諮商者關心個案外傷情形：

解　說

透過當事人是兒童的立場，玩具與故事書的失落，代表一種無可挽回的遺憾之感。同時，能平靜、完整地敘述當時逃難與療傷之過程，亦可視為是失落治療中的「再接受」階段之來臨。本次多了許多「花」和「人」。

追蹤個別遊戲諮商三（89年11月）：個案互動簡述如下

一、個案在沙盤上排出電視節目皮卡丘的故事。

二、討論看電視的情形，父母忙碌，常自己看電視，偶爾哥哥會一起看，但
　　也會搶看節目。

三、諮商者自我開放受傷疤痕的心路歷程。

四、個案談起外傷要長期開刀與復健的情形（別人很少問個案復健的事）。

解　說

似乎個案的家庭又恢復到地震前的狀況（父母事業成功，常在外忙碌）。而
個案與哥哥，必須自己處理閒暇時光。唯一流露出的落寞是個案告知諮商員
自己仍須長期開刀復健的事，似乎須要一些支持系統之加入。

追蹤個別遊戲諮商四（89 年 11 月）：個案互動簡述如下

一、 遊戲諮商媒材：手偶孫悟空（個案）、手偶豬八戒（哥哥）、唐三藏
　　 （諮商者）、布偶受氣包。

二、 在布偶台演出，唐三藏控制孫悟空，叫他要聽話，孫悟空和豬八戒打
　　 架。

三、個案表達感受，哥哥會搶電視遙控器，媽媽比較疼哥哥，覺得爸爸很好。

追蹤個別遊戲諮商五（89 年 11 月）：個案互動簡述如下

一、遊戲諮商媒材：
　　手偶綿羊（個案）、手偶驢子（諮商者）。

二、敘述表姊從國外買回來所送的手鍊，在地震中消失。

三、敘述家中負擔增加，但哥哥花費大，應該要節省一點，爸媽賺錢很辛苦。

追蹤個別遊戲諮商六（89 年 12 月）：個案互動簡述如下

一、 個案沒有摸遊戲媒材，只要求躺在地板上。

二、 敘述近日月考考得不錯。

三、 最近和哥哥在一起很高興，因為哥哥地震時受重傷的腳快好了，不需要
　　 柺杖，能自己走路，不用替哥哥做事就不會討厭了。

四、 一個人在家很無聊，最近去同學家玩好快樂。

追蹤個別遊戲諮商七（89 年 12 月）：個案互動簡述如下

一、手偶綿羊和女孩手偶（個案）、灰髮手偶（奶奶）、男孩手偶（哥
　　哥）、驢子手偶（諮商者）、猴子手偶（搗蛋的同學）、許多手偶（班
　　上同學）。

二、用手偶演出，要求諮商者當奶奶，個案想奶奶，告訴奶奶哥哥欺負人，

　　希望奶奶寫信告訴哥哥要照顧妹妹，哥哥也答應要照顧妹妹。

三、又演出班上同學下課情形，個案覺得自己和同學很好，只有猴子同學皮
　　一點，老師也很公平。

追蹤個別遊戲諮商八（89 年 12 月）：個案互動簡述如下

　　個案主動告訴諮商者海倫凱勒的故事，個案覺得海倫凱勒很勇敢，值得我們
學習。個案覺得凱勒並不在乎殘障，也表示不在乎地震所受的外傷，留下的
疤痕不會覺得怪怪的，別人看到也無所謂。看到個案能自我成長，有勇氣面
對生活挑戰，正是諮商者最喜悅的所在，陪個案穿越災難的時空，不但感動
個案的勇氣，更給諮商者啟思：人的潛力是無限的，一旦有所頓悟，那麼將
為自己注入活泉，讓生活更加自然有力量。

㈣諮商心得

個案在面臨巨大的災難時，往往因生活上外在的例行生活，而壓抑內心的傷痛所造成的身心影響，甚至不自覺。從實際的兒童遊戲諮商經驗中發現，透過不同的遊戲媒材，很能和個案心靈溝通，像這種運用孩子所喜歡的溝通方式，除了打破傳統的諮商困境，亦讓個案倍覺尊重，每一次的互動，都在自然的情境中走進個案的內心世界，真叫人感動。感動孩子們竟然也能在遊戲諮商室中，如此愉悅地自我認識、自我覺察、自我成長。亦如何長珠教授，在本校進行震災學生遊戲諮商工作後，語重心長地在本校輔導月刊上表示：每一位參加遊戲諮商小朋友看得見的成長，就是遊戲諮商室必須在小學生根的最佳見證！　（丘美都，員林靜修國小輔導主任多年）

案例二

個案是啓智學校的國三學生，屬高功能的智障生，在同學羣中，有代表領獎的機會。惟因父親管教嚴格，在人格特質上，有完美主義之困擾。像是不能忍受失敗或壓力，有時並出現焦慮、幻想，如某次上課時，說：「怎麼辦？整潔最後一名，會被罰五十萬元，都是同學害的……」；又有一次表演之後，不肯下台，在台上大喊：「我要超越李總統，我要超越太空人！」惟因平常獨來獨往，所以並不會和同學發生爭執。下面是其從事 11 次遊戲治療時的大部分紀錄。主要媒體是沙箱。

第一次：很畏縮，排了三個景，包括「地震了，快跑！」、「車禍，幸好自己走開了」以及「壞人被打死了」，有埋東西的動作。

第二次：只有聽不清楚的喃自語。

第三次：挖山洞（加水），「汽車過山洞」。

第四次：挖山洞、地震、山崩。

第五次：與三個同學開車做環島旅行。

第六次：建構新公
　　　　　路、造
　　　　　橋、新社
　　　　　會，與前
　　　　　面的兩同
　　　　　伴一起開
　　　　　車，說：
　　　　　「開發的
　　　　　日子過去
　　　　　了，已經
　　　　　舊了，沒
　　　　　人使用
　　　　　了。」

第七次：邊做邊哼歌，發現了「寶藏之家」，記者都來訪問。

第八次：趙州建橋3年才好，回家休息。颱風下雨都不怕，有敵機來轟炸新都，幸好子彈沒了，警報解除（用力撒彈珠、有攻擊、發洩之意）。

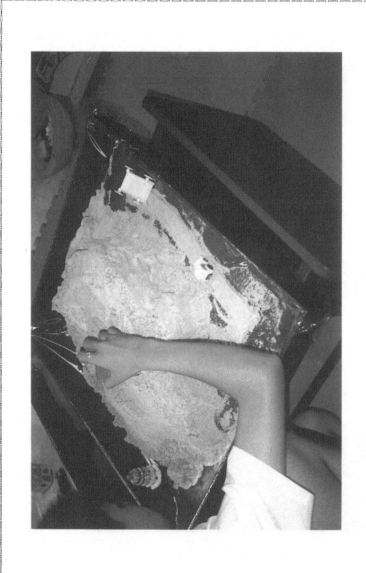

第九次：（個案所畫作品，在板外得獎，很受到鼓勵）破壞山林（用水沖，力量比以前放鬆）。個案扮演警察抓走破壞者，山林恢復原狀。山林恢復此事，個案告訴：「著後來了要提》》作可便將出」》》此時「身也是胜」

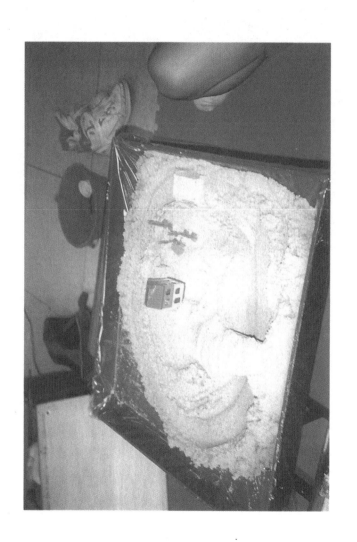

第十次：港澳的故事，去淡水河搭船、釣魚、大家很高興。

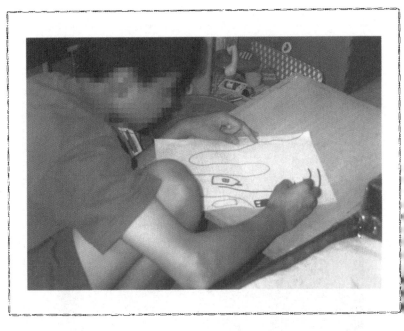

第十一次：變爲「繪畫」，繼續前次搭船的故事———天天上班，船開來開去，但都不辛苦！

諮商心得

　　此個案實際上在該校丘麗娃主任的諮商下，進行了約 30 次之商（其中大部份是沙遊）。個案在過程中除了不時會投射個人「爭」與「成就」的考慮外，亦逐漸出現沙遊治療歷程中的「宣洩（如第 1 次至第 4 次），「重新架構」（如第 5 次至第 8 次）及我肯定（如第 9 次至第 11 次）等心理狀態相關之沙圖。足可肯定非介入式之關係中（諮商員多半在旁陪伴、觀察及追蹤），改變可以自己發生的！！（何長珠，民 91）。

♣參考書目♣

中文書目

王理書著（民 89）：地震故事集，教育部。

王理書著（民 89）：說故事手冊，教育部。

王明仁等譯（民 78）：兒童虐待——理論與處置，中華兒童福利基金會。

王明仁等（民 79）：兒童保護手冊 1——兒童虐待疏忽知多少，中華兒童福利基金會。

王明仁等（民 79）：兒童保護手冊 2——兒童虐待的診斷與處置，中華兒童福利基金會。

台灣省政府社會處（民 83）：兒童、少年保護手冊，台灣省政府社會處。

朱衣譯，Arielle Ford 著（民 89）：心靈花園，時報。

何長珠譯，O'Connor & Braverman（1998）：遊戲治療理論與實務，五南。

何長珠譯，Schaefer 著（1997）：遊戲治療技巧，心理（出版中）。

何長珠校譯，Homeyer 著（2000）：團體遊戲治療，五南（出版中）。

何長珠（民 90）：折衷式遊戲治療訓練模式對國小認輔教師及認輔兒童效果之影響，國科會論文。

吳新華著（民 85）：兒童適應問題，五南。

李百麟等譯，王秋絨等校閱，Robert Landy 著（民 87）：戲劇治療：概念、理論與實務。

李宗芹著（民 85）：與心共舞：舞蹈治療的理論與實務，張老師。

李宗芹著（民 80）：創造性舞蹈，遠流。

林進材校訂，劉金花主編（民 88）：兒童發展心理學，五南。

林玫君編譯，Salisbury 著（民 83）：創作性兒童戲劇入門，心理。

林玉華、樊雪梅譯（民 88）：當代精神分析導論：理論與實務，五南。

林貴美（民 84）：音樂治療與教育手冊——音樂治療與教育的基本概念與
　活動設計，心理。

林珍如、夏荷立譯，Don Campbell 著（民 88）：莫札特效應：音樂身心靈
　療法，先覺。

卓紋君等譯，Eliana Gil 著（民 89）：遊戲在家庭治療中的應用，心理。

胡寶林著（民 83）：立體造型與積極自我，大眾。

范瓊方著（民 85）：藝術治療：家庭動力繪畫概論，五南。

高淑貞譯，Landreth 著（民 83）：遊戲治療：建立關係的藝術，桂冠。

高淑貞著（民 87）：親子遊戲治療，桂冠。

徐澄清口述，徐梅屏撰文（民 80）：因材施教——從出生的第一天開始，
　健康世界。

孫正忞編譯，鍾思嘉校閱（民 75）：舞蹈律動治療，大洋。

郭菀玲譯，Allan B. Chinen（民 88）：大人心理童話，晨星。

陸雅青著（民 88）：藝術治療，心理。

陸雅青著（民 89）：藝術治療團體實務研究，五南。

陸雅青譯，M. L. Rosal 著（民 86）：兒童藝術治療，五南。

張曉華著（民 85）：創作性戲劇原理與創作，黎明。

陳碧玲等譯，Kissel 著（民 89）：策略取向遊戲治療，五南。

陳龍安編著（民 74）：兒童諮商技術，心理。

陳小芬譯，劉焜輝校訂（民 83）：幼兒發展與輔導，五南。

陳信昭等譯，Michael L. Bloomquist 著（民 88）：行為障礙症兒童的技⊥

訓練：父母與治療者指導手冊，心理。

陳柏蒼譯（民 88），Arthur Rowshan 著（民 88）：童話許願戒，水瓶世紀。

陳鳴譯，Tessa Dalley 著（民 84）：藝術治療的理論與實務，大眾。

梁培勇著（民 84）：遊戲治療——理論與實務，心理。

梁培勇總校閱，Nancy Boyd Webb 編（民 87）：遊戲治療與危機處理，心理。

梁漢華等譯，Robert C. Burns 著（民 89）：心理投射技巧分析：心理圖解手冊，揚智。

郭靜晃譯，James E. Johnson 等著（民 81）：兒童遊戲：遊戲發展的理論與實務，揚智。

郭明珠、郭幼萍主編（民 83）：台中家扶輔導實務，台中家扶中心。

馮觀富等著（民 85）：兒童偏差行為的輔導與治療，心理。

黃惠玲等著（民 83）：兒童虐待，心理。

黃少廷譯，平井信義著（民 87）：兒童心理衛生，五南。

黃愛淑譯，Zig Ziglar 著（民 80）：如何教養出積極的孩子，大眾。

黃麗卿著（民 87）：創意的音樂律動遊戲，心理。

游婉娟譯，Susanne F. Fincher 著（民 87）：曼陀羅的創造天地——繪畫治療與自我探索，生命潛能。

程小危，黃惠玲合編（民 73）：兒童遊戲治療，張老師。

程法泌等譯，Charles Koch 著（民 67）：畫樹測驗，中國行為科學社。

董璂環編（民 89）：九二一震災藝術治療研習營報告暨案例紀錄，台灣美術館。

葉貞屏等編譯，C. L. Thompson, L. B. Rudolph 著（民 84）：兒童諮商理論與技術，心理。

漢菊德編著（民 88）：探索身體資源：身體、真我、超我，心理。

廖清碧著（民 88）：童話裡的智慧：和小孩在故事中成長，探索。

蔡昌雄譯，Maggie Hyde 著（民 84）：榮格，立緒文化。

劉焜輝著（民 85）：遊戲治療理論與實施，天馬。

劉慈惠、王莉玲、林青青合譯（民 82）：幼兒行為觀察與紀錄，五南。

劉國彬、楊德友譯，C. G. Jung 著（民 86）：榮格自傳──回憶・夢・省思，張老師。

鄭黛瓊譯，N. Morgan & J. Saxton 著（民 88）：戲劇教學：啟動多彩的心，心理。

繆妙坊譯，David FonTana 著（民 88）：夢境地圖，方智。

◧ 英文書目

Charles E. Schaefer & Donna M. Cangelosi (1997): Play Therapy Techniques Jason Aronson Inc.

Michael Joseph : Play Therapy.

Arthur Kraft and Garry Landreth(1998) : Parents as Therapeutic Partners, Jason Aronson Inc.

John R. Weisz & Bahr Weiss (1993): Effects of Psychotherapy With Children and Adolescents, Sage Publications, Inc.

Stephen R. Shirk & Robert L. Russell (1996): Change Processes in Child Psychotherapy, Guilford.

Daniel S. Sweeney & Linda E. Homeyer (1999): The Handbook of Group Play Therapy, Jossey-Bass Inc.

Charles E. Schaefer, Karen Gitlin & Alice Sandgrund(1991):Play Diagnosis an

Assessment, John Wiley & Sons, Inc.

Kevin J. O'Connor & Lisa Mages Braverman(1997): Play Therapy—Theory and practice, John Wiley & Sons, Inc.

Nancy Boyd Webb(1991) : Play Therapy with Children in Crisis, Guilford.

Garry Landreth, Linda Homeyer & Sue Bratton(1993): The World of Play Therapy Literature, The center for Play Therapy.

Hilda R. Glazer(2000) : International Journal of Play Therapy, The Association for Therapy, Inc.

Valerie Van Hutton(1994) : H-T-P and D-A-P : A Quantitative Scoring System, PAR.

Joel Ryce-Menuhin(1988) : The Self in Early Childhood, Free Associaion Books.

Carolyn Uhlonger Shantz & Willard W. Hartup(1992) :Conflict in Child and Adolescent Development, Cambridge.

Jane M. Healy (1994): Your Child's Growing Mind, Doubleday.

Charles L. Thompson (1992): Counseling Children, Wadsworth.

Karen Olness & Daniel P. Kohen (1996): Hypnosis and Hypnotherapy with Children, Guilford.

Beverly James(1994): Handbook for Treatment of Attachment-Trauma Problems in Children, Lexington Books.

Susan L. Reviere (1996): Memory of Childhood Trauma, Guilford.

Margaret Lowenfeld (1996) : Understanding Children's Sandplay, George Allen & Unwin.

the C. G. Jung Institute of San Francisco (1981, 1990): Sandplay Studies: Origins, Theory and Practice, the C. G. Jung Institute of San Francisco.

◘ 論文書目

九二一震災心理復健學術研討會論文集,教育部。

何長珠(民84):應用遊戲治療於受虐兒的三個實例研究,輔導學報 pp
　　1-37。

李青燕(民86):運用畫人測驗衡鑑兒童敵意攻擊特質之分析研究,高雄
　　師大輔研所碩士班。

孫尤利(民87):應用遊戲治療於國小認輔兒童之實證研究,彰化師大輔
　　諮系碩士班。

張梅菊著(民86):國小兒童之家庭動力畫與其家庭關係之相關研究,高
　　雄師大輔研所。

黃慧涵(民89):身體受虐兒童遊戲治療中的遊戲行為之分析研究,彰化
　　師大輔諮系博士班。

蔡麗芳著(民90):喪親兒童諮商中悲傷經驗改變歷程之研究,彰化師大
　　輔諮系博士班。

魏渭堂(民88):親子遊戲治療團體方案設計與效果之分析研究,彰化師
　　大輔諮系博士班。

嚴久惠(民87):何德勒取向遊戲諮商團體對國小社會適應困難兒童輔導
　　效果之研究,高雄師大輔研所碩士班。

跨世紀輔導與諮商學術研討會論文集(民88)。

附錄 1

2002 年美國遊戲治療年度研討會之報告表資料

NINETEENTH ANNUAL

ASSOCIATION FOR PLAY THERAPY

INTERNATIONAL CONFERENCE

OCTOBER 11 ~ 12 2002

PreConference Workshops October 8 ~ 10

CONFERENCE FEES

FULL DAY PRECONFERENCE SEMINARS
Oct. 8 - 10, 2002
$125 each day
$145 after September 5, 2002
$165 after October 3 and on site

2-HOUR PRECONFERENCE SEMINARS
Oct. 9 & 10, 2002
$40 per section
$45 after September 5, 2002
$50 after October 3 and on site

CONFERENCE
Oct. 11 - 12, 2002
APT Member: $215
$255 after September 5, 2002
$295 after October 3 and on site
Non-Member: $290
$330 after September 5, 2002
$370 after October 3 and on site

JOIN APT and get the member rate. Simply fill out and return with separate payment the membership form.

Registrations not received by Oct. 3rd, must register on site, and pay on-site fees.

DISCOUNT FOR STUDENTS
Full-time graduate students may take the $25 discount on total registration fees. A letter from their department head certifying student status must accompany registration.

REGISTRATION
Make Checks payable, in U.S dollars, to APT.
Mail to:
Association for Play Therapy
2050 N. Winery Ave., # 101
Fresno, CA 93703

For information contact APT at:
559-252-2APT (252-2278), or
FAX 559-252-2297

CANCELLATION POLICY
A refund of the registration fee only will be made if requested prior to September 5, 2002. No refunds will be issued after September 5, 2002. An administrative charge of $45 will be retained on all refunds. APT reserves the right to cancel this conference in the event of unforeseen circumstances. In such an event an attempt will be made to notify registrants at least 10 calendar days before the start of the conference and the full registration fee will be returned. In all instances, APT's liability is limited to refund of registration fees only. Refunds will not be given for "no-shows".

REGISTRATION FORM 19th Annual APT International Conferen
Please print

Name_____ Title _____ SSN_____
Agency_____
Mailing Address_____
City_____ State_____ Country_____ Zip_____
Phone: Work (___) _____ Home (___) _____

PRECONFERENCE SEMINARS • OCTOBER 8-10, 2002 | 1st | 2nd | 3rd
Tuesday, Oct. 8	8:30 am–4:00 pm (Tu1-Tu4)	___	___	___
Wednesday, Oct. 9	8:30 am–4:00 pm (W1-W4)	___	___	___
	4:30 pm–6.30 pm (W5-W6)	___	___	___
Thursday, Oct. 10	8:30 am–4:00 pm (Th1-Th4)	___	___	___
	4:30 pm–6:30 pm (Th5-Th8)	___	___	___

CONFERENCE • OCTOBER 11 & 12, 2002
Sectionals are limited in size. Assignment is based on availability at time of registration payment. Indicate three (3) choices for each time block by writing in the sectional number.

Friday, Oct. 11		1st	2nd	3rd
	10:30 am–12:30 am (F1-F8)	___	___	___
	12:45 pm–1:45 pm (NC1-NC2)	___	___	___
	1:45 pm–2:45 pm (AF1-AF2)	___	___	___
	3:00 pm–5.00 pm (F5b-F13)	___	___	___
Saturday, Oct. 12	10:00 am–12:00 pm (S1-S8)	___	___	___
	1:45 pm–2:45 pm (AF3-AF4)	___	___	___
	3:00 pm–5:00 pm (S5b-S12)	___	___	___

FEES
PreConference Seminars: $125/daily ($145 after Sept. 5; $165 on site) $___
Wednesday 2-Hour PreConference: $40 ($45 after Sept. 5; $50 on site) $___
Thursday 2-Hour PreConference: $40 ($45 after Sept. 5; $50 on site) $___
Conference, Oct. 11-12: APT member: $215 ($255 after Sept. 5; $295 on site) $___
Non-APT Member: $290 ($330 after Sept. 5; $370 on site) $___
Continuing Education Credit and Certificate: $20 $___
Discover St. Louis Tour (Friday, Oct. 11): $27 $___
Garden Grandeur Tour (Sunday, Oct. 13): $34 $___
Conference Polo Shirt: $24 (size S___ M___ L___ XL___ XXL___) $___
Conference Denim Shirt: $35 (size S___ M___ L___ XL___ XXL___) $___
Conference Sweatshirt: $30 (size S___ M___ L___ XL___ XXL___) $___
Full-time student: Deduct $25 (letter required) $___

Total Due (U.S. funds) $___

Method of Payment: Payment MUST accompany registration.
❑ Check Enclosed (payable to APT) Please charge my: ❑ VISA ❑ MasterC
Card #_____ Expiration Date: _____
Signature _____

Mail to: APT, 2050 N. Winery Ave., Suite 101, Fresno, CA 93703, or FAX to: (559) 25
❑ Your name will be included in a directory of conference participants to be distributed at conference. If you do not want to be included, please check the box at the left.
❑ I have a disability for which I will need accommodation as defined by ADA/504. Please c APT Office directly (by September 5, 2002) to make arrangements.

Confirmation letters will be sent after August 1. Late registrants may not receive confirmation For additional information or questions, please contact the APT office at (559) 252-227

Purpose

The Center for Play Therapy Summer Institute Workshops are designed to help professionals in the field of mental health broaden their knowledge and clinical skills in play therapy

WORKSHOPS

The Healing Power of the Play Therapy Relationship

July 8 9:00 a.m. - 4:30 p.m.

Since the primary therapy of choice for children is play therapy, this presentation will explore why play therapy works, facilitating a therapeutic relationship, how to make theory congruent to the person of the therapist, grounding in theory with consistent techniques, and an integration of the expressive techniques. How to "think play" when confronted with specific behavioral problems will be presented and case illustrations will be used to highlight treatment goals. Video vignettes will be used to demonstrate process points in play therapy. (6 hours LPC, NBCC, and .6 CEU Texas Social Work Credit)

Instructor

Eliana Gil, PhD, is Director of the Abused Children's Treatment Services at Inova Kellar Center, Fairfax, Virginia and teaches classes on child and family play therapy at Virginia Tech University. She is a Registered Play Therapy-Supervisor, a Registered Art Therapist, and a licensed Marriage and Family Therapist. Dr. Gil is the author of **The Healing Power of Play** and **Play in Family Therapy**. She has produced the popular videos Play Therapy for Severe Psychological Trauma and Essentials of Play Therapy with Abused Children.

Play Therapy With Abused Children

July 9 9:00 a.m. - 4:30 p.m.

Sufficient research data on abused children allows us to formulate general treatment plans that can be individually tailored after a comprehensive assessment. Specific assessment tools and common issues in working with abused and traumatized children will be described. Observing and facilitating post-traumatic play and the usefulness and timing of non-directive and directive play therapy techniques will be examined. Since verbal communication of these children is often conflictual due to internal or external prohibitions about "telling," expressive techniques are needed. Video segments will be used. (6 hours LPC, NBCC, and .6 CEU Texas Social Work Credit)

Instructor

Eliana Gil, PhD

Using Puppets In Play Therapy

July 10, 9:00 a.m. - 4:30 p.m.

Puppet therapy is personal, expressive, and directly related to the diagnosed needs of the participants. Dr. Palumbo (aka. Dr. Silly) will present new communication tools for use with traumatized, ADHD, abused and neglected, and special-needs children. Through demonstration, video and sample therapy tools, participants will learn how to create and use a variety of low-cost table top stages, puppets, and iconic figures that dramatically improve the motivation and participation of children. These therapy tools fit well with short-term therapy objectives and are particularly useful with clients who have behavior and learning challenges. (6 hours LPC, NBCC, and 6 CEU Texas Social Work Credit)

Instructor

Anthony Palumbo, PhD, is the founder and director of the Puppet Therapy Institute in Wareham, Massachusetts. He is an international researcher, lecturer, inventor, and therapist. Through his character Dr. Silly, he promotes his motto, "People Who Play Together, Grow Together." Dr. Palumbo is the recipient of the Ford Motor Co. Commitment to Kids Award for his work in developing traveling puppet play centers (Sillybuses) to provide therapy opportunities for poor communities and homeless children and families.

Play Therapy and Sandtray Therapy With Adolescent Groups

July 11, 9:00 a.m. - 4:30 p.m.

This workshop will examine the rationale for using play therapy and sandtray approaches with adolescents, provide relevant information about group work with adolescents, and describe the effectiveness of a sandtray group work project conducted with adolescents at an alternative school. Many middle school and high school adolescents need to work on emotional issues in ways that are not completely dependent on verbalizations. In addition, adolescents are known for their focus on peers, suggesting that group work should be a treatment of choice. The model presented converges what is known about play, adolescents, and group work to create an exciting new way to reach this challenging population. (6 hours LPC, NBCC, and 6 CEU Texas Social Work Credit)

Instructor

Kay Draper, PhD, is an Assistant Professor in the Dept. of Counseling & Psychological Services at Georgia State University. She is a frequent presenter at Association for Play Therapy International Conferences and other national conferences. Dr. Draper has described her work in play therapy in several chapters in books and in the International Journal for Play Therapy. She volunteers her time on a weekly basis to work in elementary and secondary schools utilizing play therapy procedures.

Developmentally Sensitive Posttraumatic Play Therapy

July 12, 9:00 a.m. - 4:30 p.m.

In this presentation, therapists will learn how to deliver successful, research-based intervention strategies to use in play therapy with traumatized children. The strategies that will be presented are matched to the developmental stages of toddlers, preschoolers, elementary school-age children, and adolescents. The posttraumatic symptoms, memory capacity, key elements of cognition, and coping strategies will be described at each stage of development. The compassion fatigue that therapists encounter while working with traumatized children will also be addressed. (6 hours LPC, NBCC, and 6 CEU Texas Social Work Credit)

Instructor

Janine Shelby, Ph.D, has provided hundreds of seminars to audiences throughout North America, Latin America, Europe, Russia, and Asia. Dr. Shelby is a Licensed Psychologist, a Board Certified

Expert in Traumatic Stress, and is a Clinical Instructor in the Department of Psychiatry at UCLA. She is the Director of the Child and Family Outpatient Program at Didi Hirsch Community Mental Health Center in Inglewood, CA and is a consultant to relief organizations such as Doctors of the World and the American Red Cross. Dr. Shelby is past president of the California Association for Play Therapy.

ADHD And Differential Diagnosis: What The Play Therapist Can Do

July 15, 9:00 a.m. - 12:15 p.m.

This workshop will focus on the wide range of attention disorders and effective treatment. The importance of relationship, including play, in the growth and development of children with Attention-deficit Disorders will be emphasized. Particular attention will be placed on the role of play therapists and play therapy in the diagnosis and ongoing treatment of attention disorders. (3 hours LPC, NBCC, and 3 CEU Texas Social Work Credit)

Instructor

Paul Warren, M.D, is a behavioral pediatrician and adolescent specialist in private practice in Dallas, Texas. He is the co-author of **Things That Go Bump in the Night**, **You and your A.D.D. Child**, **Counseling with Children**, and **Kids Who Carry Our Pain**. Dr. Warren serves on the board of directors for several non-profit organizations and is a frequent guest on television and radio programs. An expert in child and adolescent issues, Warren is a popular speaker who addresses audiences worldwide.

Determining What's Really Happening In Your Play Therapy Sessions

July 15, 1:15 p.m. - 4:30 p.m.

This workshop will focus on learning to use a time-saving rating scale designed to identify and document the therapeutic process and the child's growth in play therapy. Participants will learn how to analyze sessions at a deeper level: document content of sessions, identify themes, determine session process and dynamics, rate child's behavior/affect. This scale will be especially helpful in meeting the documentation requirements for managed care. The scale is also designed to be a research tool. (3 hours LPC, NBCC, and 3 CEU Texas Social Work Credit)

Instructors

Sue Bratton, PhD and Linda Homeyer, PhD. Dr. Bratton is Associate Professor in the Dept. of Counseling and Director of the Child and Family Resource Clinic at the University of North Texas. She is President of the Association for Play Therapy, conducted play therapy training workshops throughout the United States and in South Africa, and has published extensively on play therapy.

Dr. Homeyer is an Associate Professor in the Dept. of Counseling at Southwest Texas State University. She is past president of Texas Association for Play Therapy, Editor of the Association Play Therapy Newsletter, has conducted play therapy training workshops throughout the United States and in South Africa, is co-author of **Play Therapy Interventions with Children's Problems** and **The Handbook of Group Play Therapy**.

Intensive Supervised Play Therapy Experience
July 16-18, 8:30 a.m. – 6:00 p.m.

Three days of intensive supervised experience in play therapy using two-way mirrors, videotapes, and supervisors. Daily Schedule: Each day, participants will have one individual and one small group play therapy session supervised by a professional. Participants will observe four play therapy sessions of fellow participants and provide feedback. They also will self-critique and rate videotapes of their own sessions.

Prerequisites: Participants must have extensive experience in play therapy. For approval to enroll, send specific descriptions of all prior training in play therapy and description of play therapy experience to Garry Landreth, Ed.D., Director of the UNT Center for Play Therapy, P.O. Box 311337, Denton, Texas 76203-1337, by May 1. (24 hours, LPC, NBCC, and 2.4 CEU Texas Social Work Credit) Limited to 12 participants.

Instructor

Garry Landreth along with other experienced professional play therapist will provide supervision and group staffing.

WORKSHOP FEES

The fee is $80 per day for each workshop and $400 for the three days of supervision (supervision fee due upon acceptance). Preregistration is required by June 26. Refund, less a $25 handling fee, must be applied for by June 26, 2002. Class size is limited, so early registration is strongly recommended.

GRADUATE CREDIT

Participants who attend the first six workshop days and who meet the admission requirements of UNT's Toulouse School of Graduate Studies may enroll in EDSS 5800, Special Problems. Section 704 (Play Therapy Methods) with Garry Landreth during the second summer term of 2002 for three hours of graduate credit. You must apply directly to the graduate school for admission before June 5, 2002.

Reports on assigned readings are to be completed after the workshops. The graduate registration fee of $440.85 for in-state students and $1,073.85 for out-of-state students is in addition to the workshop fee. For first-time UNT students, there is an additional $10 property deposit, which will be returned by mail upon request after completion of the course. Telephone registration procedures will be sent by the graduate school upon request, after graduate school acceptance. The mailing address is:

University of North Texas
Toulouse School of Graduate Studies
P.O. Box 305459
Denton, Texas 76203-5459
(940) 565-2383

ACCOMMODATIONS

Note: all rates mentioned below must be reserved by June 21, 2002 and the group name "Center for Play Therapy" must also be mentioned to secure the rates below. A limited number of rooms are available at the special rates so attendees are encouraged to make reservations early. Special rates for play therapy institute participants have been arranged in Denton with the following establishments: The Radisson Hotel, (940) 565-8499, $94.00 per single or double occupancy room; The Super 8 Motel (940) 380-8888, $50.00 per single or double occupancy room; LaQuinta (940) 387-5840, $69 per single or double occupancy room, and Comfort Suites (940) 898-8510, $89.95 per single or double occupancy room. University of North Texas provides on campus double occupancy housing with linens at a cost of $15.00 per night. For more information contact Diana Forson, via e-mail DVF@HSL.admin.unt.edu. Deadline for on campus housing is June 14, 2002. For information on Bed and Breakfast accommodations, call Shirley White (940) 565-3628. Commercial shuttle service is available from Dallas/Ft.Worth International Airport and can be reached at 1-800-634-6231 Please make reservations 48 hours in advance. Shuttle service from the hotels to UNT will not be provided.

PARKING

UNT Parking Garage: The UNT Parking Garage is located across the street from the University Union. Permits are $2.50 per day for conference participants. To park in the Parking Garage, take McCormick Street exit off off I-35 and go north on McCormick Street to Eagle Drive, right on Eagle to Welch Street, turn left on Welch to W. Prairie, left on Prairie; the Parking Garage will be on your right.

LOCATION

All workshops will be held in Silver Eagle Suite A in the University Union on the UNT campus in Denton TX.

INFORMATION

For information about registration, contact Shirley White at (940) 565-3628 or by email swhite@unt.edu. For more information about workshop content or the Center for Play Therapy training program, call (940) 565-3864.

University of North Texas
Center for Play Therapy
P.O. Box 311337
Denton TX 76203-1337
(940) 565-3864 FAX (940) 565-4461
http:/ www.coe.unt.edu/cpt
Email: cpt@coefs.coe.unt.edu

reSources

Choices, Cookies, and Kids Video

Dr Garry Landreth discusses a creative approach to discipline based on choice giving that provides boundaries and limitations on behavior. Great for parent training (30 min) $35 00

Touching the Inner World Of Children In Play Therapy Video

Dr Garry Landreth focuses on the healing power of the play therapy relationship, the elements essential for making contact with children and describes the effect of this process on children (75 min) $35 00

Child-Centered Play Therapy Video with Dr. Garry Landreth

A clinical play therapy session demonstrates relationship building following the child's lead, returning responsibility to the child, helping without structuring, building self-esteem, and responding to accidents Voice over by Dr Landreth explains the therapeutic process (50 min) $65 00

Relationship Play Therapy Video with Dr. Clark Moustakas

A clinical play therapy session demonstrates relationship building responding to aggressive behavior, limit setting participating in a child's play, and therapist's personal limits Dr Moustakas reacts to the session in an interview (40 min) $65.00

★ NEW YORK FESTIVAL AWARD WINNER

Reflections on Relationship Play Therapy Video

Dr Clark Moustakas explores the significance of patience in play therapy activates the child's will making emotional contact the importance of the relationship setting limits, and discovering the best children (55 min) $65 00

Developmental Play Therapy Video with Dr. Viola Brody

A clinical play therapy session demonstrates tools required using touch to create a relationship therapeutic touching techniques stages creating boundaries and making contact with a reluctant child Dr Brody discusses her approach (50 min) $65 00

The World of Play Therapy Literature (3rd Edition)
NEW EDITION!

Topic and author categories listing over 2,500 books, dissertations, documents, and journal articles A reference book for locating play therapy procedures research, and justifying play therapy to courts and managed care 306 pages. $15

Play Therapy Training Directory
MILLENNIUM 2000 EDITION!!

Current listing of workshops in play therapy and universi graduate courses offered at academic institutions in the United States and Canada $5 00

Order Form Please send the following material

QUANTITY

_____	Choices, Cookies and Kids video	($35
_____	Touching the Inner World of Children video	($35
_____	Child Centered Play Therapy video	($65
_____	Relationship Play Therapy video	($65
_____	Reflections on Relationship Play Therapy video	($65
_____	Developmental Play Therapy video	($65
_____	The World of Play Therapy Literature	($
_____	Play Therapy Training Directory	

$ _____ 5% S&H (minimum $2)

$ _____ **TAX: Texas Residents add 7.75% to subtotal**

$ _____ **TOTAL ENCLOSED** (Books Videos Tax if applicable)

Make checks payable to "Center for Play Therapy" checks must be in U S dollars and drawn on a U S bank

) Visa   ) Mastercard # _____ Exp ____

Signature _____ Amount _____

Mail order form to:

University of North Texas • Center for Play Therapy
P.O. Box 311337 • Denton, TX 76203-1337

Ship to:

Name _____

Address _____

City _____ State _____ Zip _____

Phone # _____

附錄2

適應性遊戲行為評定表
與
評定項目之解說

適應性遊戲行為評定表

適應性遊戲 行為項目	適應性遊戲行為細目	A.頻率 1. 幾乎未曾出現 2. 偶爾出現 3. 一半時間會出現 4. 大部分時間會出現 5. 幾乎全程會出現	B.強度 1. 非常低 2. 較低 3. 中度 4. 較高 5. 非常高
㈠探索行為	1. 對情境、項目、遊戲室、周遭環境感到好奇		
	2. 探索自我		
	3. 從鏡中看到自己的行為		
㈡相關聯的行為	1. 表達對家庭、教師、遊戲、遊戲室、學校、治療者、玩伴、自我的直接訊息		
	2. 要求提示訊息		
㈢自發性或適應性的行為	1. 無意義的聲音、哼兒歌或童謠、發出單音、陳述、唱歌		
	2. 對環境的調整		
	3. 自發性、對混亂狀態提出解釋或理由、適應性的活動		
㈣戲劇性或角色行為	1. 敘述的故事和外在事件有關		
	2. 敘事和真實有關聯		
	3. 扮演很生動		
	4. 戲劇性的角色活動		
㈤建立關係行為	1. 評量兒童對治療者的反應		
	2. 以正向的語言及非語言和治療者接觸		
	3. 用正向的陳述或行動對待治療者		
	4. 把作品結果展示給治療者		

(續上表

適應性遊戲行為項目	適應性遊戲行為細目	A.頻率 1. 幾乎未曾出現 2. 偶爾出現 3. 一半時間會出現 4. 大部分時間會出現 5. 幾乎全程會出現	B.強度 1. 非常 2. 較低 3. 中度 4. 較高 5. 非常
(六)評量關係 的行為	1. 盡力設法將責任推給治療者		
	2. 以支配或威脅來要求治療者		
	3. 以負面的言行對待治療者		
	4. 拒絕治療者		
	5. 對治療者做出否定的反應		
	6. 試探治療者		
	7. 探索遊戲室的限制		
(七)自我接納 的行為	1. 表達對自我積極正面的言行		
	2. 其見解和陳述表示對自我的瞭解		
	3. 為遊戲室的行為結果負責任		
	4. 表達對觀念、結果的滿意		
	5. 明確的決定		
	6. 注意到不同的情緒反應		
(八)自我拒絕 的行為	1. 對自我提出負面的言行		
	2. 對結果表示不愉快、不信任、噁心、挫折		
	3. 呈現拒絕的情緒		
	4. 設法推卸責任給其他人或事		
	5. 無助或覺得迷惑		
	6. 幼稚的行為		

（續上表）

適應性遊戲行為項目	適應性遊戲行為細目	A.頻率 1. 幾乎未曾出現 2. 偶爾出現 3. 一半時間會出現 4. 大部分時間會出現 5. 幾乎全程會出現	B.強度 1. 非常低 2. 較低 3. 中度 4. 較高 5. 非常高
(九)對環境當中的行為的接受程度	1. 對人、學校、家、玩伴、遊戲室、情境正面的陳述		
	2. 對發現的事物感到滿足		
(十)對環境當中的行為的不接受程度	1. 對人、學校、家、玩伴、遊戲室、情境有負面的看法		
	2. 對發現的事物表示生氣、厭惡、失望		
(±)正向態度的行為	1. 有點高興、笑出聲音、始終非常愉快		
(±)矛盾態度的行為	1. 喃喃自語、音調太低而聽不到		
	2. 表達焦慮、困惑、害怕、遲疑猶豫、懷疑、矛盾的情緒		
	3. 驚訝、不明確或模糊的活動		
	4. 對活動缺乏注意力		
	5. 活動中呈現脫序、混亂		
(±)負向態度的行為	1. 表達憤怒、傷心、失望		
	2. 以肢體動作、活動、口語方式侵犯他人的表現		
	3. 混亂、破壞性的行為		

Finke, 1947; Hendricks, 1971/1972; & Withee, 1975/1976 編製，見 Oe, E.
., 1989；孫尤利整理，民 87)

適應性遊戲行爲評定表之項目解説

適應性遊戲 行爲項目	適應性遊戲 行爲細目	項目的解説	例句説明
(一)探索行 爲	1. 對情境、項目、 遊戲室、周遭環 境感到好奇	觸摸幾項物品	你從何處得到這 玩具？
	2. 探索自我	隨時檢查物品	今天還有其他人 來嗎？
	3. 從鏡中看到自己 的行爲	玩幾項玩具	有女孩來這裡嗎
		使用物品如跳躍的球，來 檢查空間	這是什麼東西？
		同伴到鄰近空間	
		掃描空間、架子	
		掃視鏡中的自己	
		當遊戲時端詳自己	
		在鏡子前化妝	
(二)相關聯 的行爲	1. 表達對家庭、教 師、遊戲、遊戲 室、學校、治療 者、玩伴、自我 的直接訊息	全神貫注在遊戲中，當和 治療者説話時不太專心	他們正在成列前
	2. 要求提示訊息	當用口語表達想法和感覺 時，坐在桌上輕敲鉛筆	土還沒有完成
		談話時緊抱或依靠著	那是一個嬉痞
		完全沈浸在口語表達的活 動中	這表示他已經受 了
			前天晚上我睡得 少
			放假後，我何時 會回來這裡？

（續上表）

適應性遊戲 行為項目	適應性遊戲 行為細目	項目的解說	例句說明
			你知道廁所在那裡嗎？
			我還有多長的時間？
			我打賭還有15分鐘就要離開
			我還有時間可以畫國旗嗎？
(三)自發性或適應性的行為	1. 無意義的聲音、哼兒歌或童謠、發出單音、陳述、唱歌	畫圖	一隻雛鳥、一隻雛水鴨
	2. 對環境的調整	畫我們自己的臉或手	今天我不是(人名)，因為明天我就是(人名)了
	3. 自發性、對混亂狀態提出解釋或理由、適應性的活動	改變外表或物品的顏色，但仍維持真實的面貌(如畫不同顏色的火車、布偶長鬍鬚、玩偶戴帽子或假髮)	
		尼克航海和工匠玩具的原始結構	
		木板的構造	
		畫黑板	
		利用身體(例如直昇機來表達)	
		讓東西離開手心(例如布偶)	
		在樂器上彈出音調	

（續上表

適應性遊戲 行為項目	適應性遊戲 行為細目	項目的解說	例句說明
		玩	
		補足競賽遊戲（例如飛鏢）	
		混合顏料創造新的顏色	
		在紙上做漩渦狀的亂畫，並沒有要畫出明確的事物	
		重新布置遊戲室的家具	
		把玩具分開且又將之放成一堆	
		用椅子造成出入口	
		用畫筆和水做攪拌	
(四)戲劇性或角色行為	1. 敘述的故事和外在事件有關	運用布偶、洋娃娃、士兵來扮演一種情境或故事	達，你想要留來？
	2. 敘事和真實有關聯	打電話給指定的人或不確定的對象	包，過來這邊！
	3. 扮演很生動	不同的廣告特徵（例如布偶）	你最好別滴水
	4. 戲劇性的角色活動	在扮演時發出聲音	刺！去！嘟嘟嘔！
			燃燒、射擊、泣、爆炸聲
(五)建立關係行為	1. 評量兒童對治療者的反應	使治療者涉入詭計和陷阱內	就是這樣
	2. 以正向的語言及非語言和治療者接觸	和治療者開玩笑（例如：向前跑，然後藏在門後面）	不！不是這樣
	3. 用正向的陳述或行動對待治療者	和治療者通電話	你會為我拿東嗎？

（續上表）

適應性遊戲 行為項目	適應性遊戲 行為細目	項目的解說	例句說明
	4. 把作品結果展示 給治療者	坐或站或移動椅子靠近治 療者	看這兒所有的顏色
		用物品或自己有意圖性的 觸摸治療者	猜猜看我在做什 麼？
		直接注視著治療者	你最喜歡什麼顏 色？
		用點頭示意「是」或「否」來 回應治療者	我瞭解
		用臉部表情回應治療者， 表示「對！就是這樣。」	能和你在這裡真是 有趣
		把活動成果拿給治療者	我不想射你
		煮東西給治療者吃	
		摟抱治療者	
(六)評量關 係的行 為	1. 盡力設法將責任 推給治療者	(看著治療者)徵求許可、 對自己行為做反應、贊同 或直接指示	當你用手指畫畫 時，都做些什麼？
	2. 以支配或威脅來 要求治療者	用手銬銬住治療者或射擊 或刺治療者	這是黑色的嗎？
	3. 以負面的言行對 待治療者	轉向離開治療者	你如何拼「畫畫」 這個字？
	4. 拒絕治療者	當治療者說話時用手捂住 耳朵	我需要更多的線 嗎？
	5. 對治療者做出否 定的反應		把那個飛鏢讓給我
	6. 試探治療者		如果你不想讓所有 的東西都變成紅色 的，最好是給我一 把釘鎚。
	7. 探索遊戲室的限 制		我不想和你來這裡

(續上表

適應性遊戲 行為項目	適應性遊戲 行為細目	項目的解說	例句說明
			你使我做了所有的 事情
			安靜，那只是一個 意外
			不！我才不驚訝
			我將要拿下這個
			我將撕碎它，不是 嗎？
(七)自我接 納的行 為	1. 表達對自我積極 正面的言行	對鏡中的自己微笑	我花了很多力氣 木頭
	2. 其見解和陳述表 示對自我的瞭解	來回輕拍自己	我能做
	3. 為遊戲室的行為 結果負責任	站在作品或結果後面稱讚	我會勝利
	4. 表達對觀念、結 果的滿意		我是班上跑得最 的
	5. 明確的決定		有時我是個傷患
	6. 注意到不同的情 緒反應		我生氣了，真的 瘋了
			當我生氣時，面 潮紅
			有時我太依賴哥
			這是我的錯
			我用碎片組成地
			哇！我做到了
			我不打算要畫畫
			下星期我將完成

（續上表）

適應性遊戲 行為項目	適應性遊戲 行為細目	項目的解說	例句說明
			我打算要蓋一些東西
			我將看看木板合不合適
			我今天在那兒很快樂
			我覺得很好
(八)自我拒絕的行為	1. 對自我提出負面的言行	扭曲著下唇	我無法做好
	2. 對結果表示不愉快、不信任、噁心、挫折	嘲笑	他帶給我太多困難
	3. 呈現拒絕的情緒	皺起鼻子	包，都是你的錯！
	4. 設法推卸責任給其他人或事	皺眉	他做了那件事
	5. 無助或覺得迷惑	絕望的、負面的搖頭	太左傾斜使得顏料盤子掉下來
	6. 幼稚的行為	憤怒中的否決性表達	我太懶惰以致於無法拿起自己的衣服
		吸奶嘴	我從未贏過
		在娃娃屋中睡覺	我去過校長的辦公室好幾次
		像嬰兒般的坐在治療者的膝上	我只是假裝自己是個瘋子
			為我做這個
			幫幫我

（續上表

適應性遊戲 行為項目	適應性遊戲 行為細目	項目的解說	例句說明
(九)對環境當中的行為的接受程度	1. 對人、學校、家、玩伴、遊戲室、情境正面的陳述	擁抱、膨脹、修補包	我爸爸會有一堆好主意
	2. 對發現的事物感到滿足	擁抱玩具熊、洋娃娃	我們的替代品也很不錯
		對遊戲室及其內容感到關心及有興趣	這兒有許多好木頭
		煮東西給包或其他人吃	那真是太棒了
		大笑	我喜歡這房間的木頭及其他的東西
		微笑	哇！我想待在這裡五個小時
		肯定地搖搖頭	
(十)對環境當中的行為的不接受程度	1. 對人、學校、家、玩伴、遊戲室、情境有負面的看法	危險與破壞遊戲室的項目	這將無法工作
	2. 對發現的事物表示生氣、厭惡、失望	對遊戲室及其內容不感興趣也不關心	他們把這些都弄了
		扭曲著下唇	我妹妹是個愛哭
		嘲笑	我媽媽總是能看己想看的電視節
		皺起鼻子	我討厭學校
		皺眉	它太討厭了
		絕望的、負面的搖頭	我討厭地理考試

（續上表）

適應性遊戲 行為項目	適應性遊戲 行為細目	項目的解說	例句說明
		憤怒中否決雙手	地板髒了！現在我想離開
(土)正向態度的行為	1. 有點高興、笑出聲音、始終非常愉快	擁抱包、洋娃娃、玩具熊、治療者	我覺得很好
		大笑、微笑、咯咯的笑、吃吃的笑、跳舞、閉口低唱、唱歌	今天我覺得快樂
			我喜歡唱歌
(上)矛盾態度的行為	1. 喃喃自語、音調太低而聽不到	所做的陳述無法聽到或者不想被聽到	現在要做什麼？
	2. 表達焦慮、困惑、害怕、遲疑猶豫、懷疑、矛盾的情緒	使用結構性的媒體（例如尼克航行或運輸工具的玩具）於一般的慣例事件	這些輪子得移到別處
	3. 驚訝、不明確或模糊的活動	將飛鏢射到木板的中心或在紙上或黑板上畫好的中心處	那個印地安在那裡是如何
	4. 對活動缺乏注意力	用釘鎚將釘子釘入木頭	喔！天呀！現在讓我們看看
	5. 活動中呈現脫序、混亂	不參與活動的坐、站、躺下（例如站在房間中央與坐在椅子上凝視著整個空間）	我要將你射死，但我希望你沒事
		突然中斷某一個活動玩另一個活動，不一會兒又玩起第一個活動	他是個壞小子，但他無論如何會被吊死的
		搔頭	喔！發生什麼事？
		聳肩	我不知道他能做這件事

(續上表

適應性遊戲 行為項目	適應性遊戲 行為細目	項目的解說	例句說明
		神經質的笑	
		擺動足尖前後搖擺	
		咬舌頭、嘴唇、指甲	
		撕咬手指頭周圍的皮膚	
		深深的嘆息或呻吟	
		揚起眉頭	
		臉上顯現警戒的神色	
(土)負向態度的行為	1. 表達憤怒、傷心、失望	用手或其他物品敲包或布偶	我討厭你
	2. 以肢體動作、活動、口語方式侵犯他人的表現	丟擲包、布偶、其他物品	不要注視我
	3. 混亂、破壞性的行為	打包消氣	喔！爸爸黏住他
		對包、布偶、治療者射飛鏢，用刀刺或切物品	你真的快要死了我將打電話給警
		用釘鎚敲遊戲台、設備、家具	這是一個龍捲風
		對其他物品丟球及飛鏢	
		以牛仔、印地安、士兵、戰爭設備來打仗	
		故意破壞遊戲室之限制	
		胡亂畫在物品上(例如：把車子塗得髒兮兮)	
		打或丟繪畫顏料，所以沾到其他的物品	
		清除架子和容器	

（續上表）

適應性遊戲 行爲項目	適應性遊戲 行爲細目	項目的解説	例句説明
		用釘鎚塞住木板	
		丢擲遊戲台的木作品	
		故意破壞結構，留下一些 殘餘	
		大量傾洩顏料	
		皺眉	
		握緊拳頭	
		咬緊牙齒	
		踩腳	
		挑釁、射擊、槍林彈雨、 埋藏、死亡、受傷	

（Hendricks, 1971/1972 編製，見 Oe, E. N., 1989；孫尤利整理，民 87）

附錄 3

21 世紀國小輔導——
遊戲治療在國小輔導上之應用

一、前言

隨著臺灣民主化的腳步日益精進，代表民主精神的教育理念，如「全人教育」、「終生學習」以及「輔導普及化」等觀點，亦逐漸在社會的各角落與學校教育的各層面中發酵與運作。其中，在輔導部分，更因著九二一大地震的震撼，而把遊戲治療、悲傷治療以及短期諮商等更符合輔導專業趨勢的策略，帶入了現有的學校輔導體制之中。

把握這難得一逢的教改契機，本文之目的，乃在介紹遊戲治療介入學校輔導（特別是國小輔導）之做法，期望能藉此催化（國小）輔導專業化歷程之腳步。

二、時代特徵與學校輔導諮商之因應

Thompson, C. L.及 Rudolph, L. B.（1992）在其《諮商孩子》（Counseling Children）一書中，曾試圖引用 Naisbitt 與 Aburdene（1990）對 21 世紀的八大特徵描述，列出學校諮商應有的 12 點因應內容。21 世紀的八項特徵分別是這樣的：

1.科技成長的持續加速。

2.社會將從「工業時代」進入「資訊時代」（e-時代）。

3.家庭的定義，將涵括更多的類型與關係。

4.女性投入職場，使得「托兒」與「家管」的代理者成為社會普遍迫切的需求。

5.愈來愈多的兒童（在美國是：1/4），在其一生中，會實際
　經歷過「單親家庭」之形式。

6.藥物濫用與犯罪問題對社會（學校及家庭）治安之威脅日增

7.地球因環境惡化所造成之問題，如污染、流行病、物種滅絕
　等，對人類生活型態上之影響。

8.多元文化之參照。

為求因應這些特徵，Crabbs(1989, p.160，引自 Thompson, p.7)研
擬出學校諮商所須加強處理之十二點內容，則為：

1.中小學校園中，暴力事件日增。

2.嘗試吸烟、喝酒與用藥之年齡層下降（在美國是十二歲）。

3.偏見之增加。

4.幫派團體之成立與加入。

5.身體與性的虐待。

6.性教育需求之增加。

7.電腦科技之使用愈來愈普遍（包括行動電話）。

8.變化迅速之社會下所產生的價值觀改變（包括速效、暫時性
　特徵）。

9.日益明顯的健康狀況之下降曲線（體力活動少、速食、習慣
　良等）。

10.妨礙潛能發展的貧窮問題（貧富不均增大）。

11.家庭結構的愈形不穩。

12.處理二十一世紀變動特徵所帶來的孩提恐懼（壓力）新方
　之發展。

而 Wetlieb, Weigel, and Feldstein(1987)綜合上述的各項時代裝

與校園新貌後，亦提出二十一世紀孩子所需具備的心理能力，應該是：「獨立」、「自信」、「合群」、「有彈性因應挫折」和「有能力學習新資訊」。換言之，以往多年來成人們（父母、教師及一般大眾）所假設、認為的「無憂無慮的童年」或「歡樂年華」之概念，實際上，恐怕不能完全套用到今日這一代孩子們的真實狀況中。在常常變動的地球、社會與家庭環境中，很多孩子的基本需求，像是：(1)安全的生活（想想過馬路）；(2)有歸屬與被愛的感受（想想鑰匙兒）；(3)得到權力、掌控之感（電動遊戲中，也許！）；(4)自由的需求（每天必須完成幾小時的作業？）；(5)能快樂、好玩的需求（下課十分鐘和兩週次的體育課？），都被嚴重扭曲和扣減，遑論健全發展、「自我實現」之可能了！（Maslow 的自我實現之層次，是建立在生（物）理、安全、愛、自我價值等需求之滿足上，這些基本需求滿足後才出現的！）

　　解決上述問題，當然不是輔導或諮商單方面的努力可奏效，而必須形成一個更完整的網絡，分別包括學校、家庭、社區、班級導師、家長、學生、輔導工作者各方面的人員，通力制定更活性（上下左右縱橫）的工作關係始可。

三、今日臺灣國小輔導上之問題與對策

　　反觀今日的國小或國中輔導，則不論從學校實務到師資養成訓練，都充塞著種種問題。為方便說明，僅暫以國小輔導為例，並試著自四方面討論之。

㈠政策部分

近年來（教育部統計處，民 87）國內小學在 25 班以上並設輔導主任編制的，僅占全國所有小學的 31%，亦即有 2/3 強的小學，只有輔導組長或兼職輔導老師的設置。試想，一個小學的班級導師，在擔任整天的導師工作之餘還能有多少時間和精力呢？而且這些有限的精力，還多必須配合去做許多行政工作呢！而李永吟（民 81）的調查也發現：仍有將近 1/4 學校未設有輔導組織。因此當務之急的第一個建設，仍是把輔導工作的專業化定位、角度確立出來。雖然不能在一時之間達到如歐美等國學生每 250 人即設一位諮商員之比例，但起碼要有每 500 名學生分配一位專業諮商員之編制，並具有修習大學以上研究所等級輔導學分 32 學分的專業能力以及服務三年以上才得報考主任的規定，仍應勉力追求達到！

㈡角色定位與工作內容

輔導工作在學校推行之成敗，常與校長有很大的關係。如果校長支持，即使課表上沒時間，仍可找到機會做輔導。反之，就有可能把輔導室變成是「活動室」，用來協助處理學校各項活動。因此如何加強校長或儲備校長對輔導之認同，是首要之務。其次，在體認小學輔導可做之事愈來愈多之際，如何在整體學校課程時間之分配上預留空間，亦為落實輔導實務工作時，必須注意之事。（因每個個案共需 6 至 8 次之工作，才能走完一次輔導歷程，而每門課之任課老師都不願學生在同一門課上缺課如此之久！）

諮商（輔導）教師如果不上課，而只做「純輔導」（其名稱所以是「專業諮商員」，任務為進行個諮、團諮，協助班級團輔之進行，協調擔任學區內各國小輔導之督導工作），理論上，是目前

況中最容易改進的作法。當然,其前提是受過正式輔導研究所碩士階段及以上之訓練,並在各縣、市所成立的輔導學區內的「社區諮商中心」支薪。

(三)輔導室的設備與經費問題

現在的國小很少會設有輔導室(個諮室或團諮室)之配備,也或者雖室有其室卻不實用的比例,則仍非常高。據作者這幾年來走訪多所小學(彰化縣)觀察所得之印象,大概只有 1/5 的學校,有多少使用到一點。但說到大小、格局、氣氛、位置,則多半不理想,而以具備其他混合功能者居多。近五年來,遊戲治療的觀念逐漸介入輔導界和國小輔導。政府如能設定民國 90 年至 92 年為「國小遊戲治療年」,並設定「專款專用」之輔助原則,相信對國小輔導之專業化將有非常鉅大、立竿見影之影響。而這種對年輕國本心理建設之投資,對日後整體國家的心理健康之預防效果,亦值得成立專職機構(「國家教育研究院」)做長期追蹤之研究!

(四)現職相關工作者之在職進修

這幾年來,教育部訓委會所推動的各項工作中,與輔導實務工作者(包括老師及輔導室工作者)相關最大且最受肯定的幾項內容(根據作者個人對不同工作取向、工作者之查詢),分別是「輔導功能宣傳」(指一至三小時的大型演講)與「主題輔導工作坊」(指以三至五天進行 18 至 30 小時的諮商經驗)。但隨著時間的進展,這五年來,不論大城小巷、學校、家庭、社會各方面,都已瞭解到輔導之重要時,更應「聚焦式」與「深入性」地推動學期性的輔導工作(如「遊戲治療」、「行為矯正訓練」、「同理心團體」、「班級團體輔導」),亦應考慮以學分制(三學分,十五週,每週

上課三小時，總時數為四十五小時）與部分自費（如自繳費用三
元，其中學校分擔一半）之方式推出，來做為進一步的「在職進修
之推廣紮根教育（亦即「終生學習」概念）。當然，在此同時，
策面的「在職進修積分訂定辦法」與行政面的「學校給予公假」
以及大學建教合作單位的訂定學習課程並邀請專家等的配套措施
也都是不可少的工作。

四、二十一世紀的「新」輔導

㈠國外之展望

這幾年來，不但國外整體輔導的趨勢有走向「心理衛生諮商」
之概念，並落實為如下幾點方向（Selgman, 1996）：

1. 自整體、系統與發展三方觀點來審視個人、家庭與環境間的
   動關係。

2. 應用預防、補救與增長（enhancing）之概念與方法來進行
   商。

3. 自增進個人的成長與適應（wellness）之角度，來瞭解當事
   之問題。

4. 協助當事人自我發現與建構自身優點之作法，來達成「自我
   助」能力之發展。

5. 強調對不同個人、性別、文化與差異間的瞭解。

6. 諮商擴及更多的場所（setting）與對象（groups）。

7. 採用多元（折衷）的理論及手法介入，以便有效的滿足更多
   個案。

　　歸納來說，國外這種諮商趨勢，其實即是「折衷─整合」（理論與技術上），「短期─問題導向」（效用性之講求），「行動研究─質的描述」（方法學之改變），與「多文化系統的彈性因應」（個別差異之注重）之「治療─諮商─輔導」走勢（見楊瑞珠，民 88）。而在學校輔導中，最明顯的便是「社區資源之介入」（家庭、學校、社會團隊合作之概念）以及「班級輔導之活用」（小團體及以全班為單位，來進行與發展任務有關的心理衛生教育）（見蕭文，民 88）兩項工作之強化訴求。

　　即使在國內，類似這樣的改變與變遷，也持續在發生之中。其中最明顯的部分，便是教改報告與教育部訓委會所推出的一系列改革計畫（參考自林清文，民 88）。

㈡國內之努力

　　民國 87 年 5 月由行政院教育改革推動小組所推出的「教育改革行動方案」，預定在民國 88 年至 92 年之間，投資 1,571 億餘元的經費來全面推動十二個項目的工作。其中第十一項方案即為「建立學生輔導新體制」，預定在五年內，撥出 13 億 8 千萬元來推動「教─訓─輔三合一整體方案」（教育部，民 87），以期處理「組織調整」、「教學改進」和「學生輔導」三部分積存的問題。其中與「學生輔導」有關的工作，即包括如下幾項，分別是：

1.培養全體教師皆具有輔導理念與能力。

2.建立學校輔導網絡，結合社區資源，協助處理學生輔導工作。

3.運用社區人力資源，協助學校推動教育工作。

4.訂定學校教師輔導工作手冊。

5.處理學校教師、行政人員、義工及家長研習活動。

㈢現有之問題

唯據林清文（民 88）的看法，目前學校輔導中的主要積弊仍存在，例如：

1. 「訓導」被刻板化為懲處、管理機構，以致與輔導形成對立、二分之概念，「雙頭馬車」的困局猶存。

2. 導師、認輔教師與輔導教師的權責混淆。

傳統以來，導師即被賦予輔導學生問題之職責與權限，其內涵也隨著時代的變化，由訓而輔。但實際上，由於人數之負荷（通常一班 40 人是常見的現象），導師能給予個別學生之時間是有限的，其相關專業知能，也未必足夠。加上這幾年來，校園「人人輔導」（校長、行政人員皆可擔任認輔老師），不但混淆當事人原有職務的專業角色，也使得輔導的效果更形模糊。這主要還是因為決策單位在「專業分工與合作」上之概念未夠明確分化所致。

㈣改進之建議

為求匡正上述之種種輔導困境，本文作者統整專家、學者之學意見（如金樹人、林清文、楊瑞珠、蕭文，民 88）及實務工作之口頭受訪意見（如陳碧玲、丘美都、吳珍梅、蔡玲玲，見附一）歸納而試擬出如下之表格，供有司當局之參考。但為求說明方便謹以小學輔導為例。

1. 國小輔導之組織編制（圖示舉例）：

    (1) 第一案：於現行制度外加掛，其優點是不須變動其既有組織；缺點為仍無法實現校園內的輔導整體規畫（金樹人民 88，p.65）。

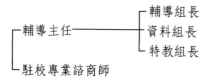

駐校專業諮商師：

- 國家考試及格或輔導諮商碩士（可訂三年考上之緩衝期）。
- 可任各鄉鎮新設之「社區諮商中心」之工作人員，與社工師、臨床心理師合成一團隊，以協調家庭─學校─社區之資源。

(2)第二案：建議設立於 24 班以上的中小學，以形成完整的二十一世紀中小學輔導組織架構。

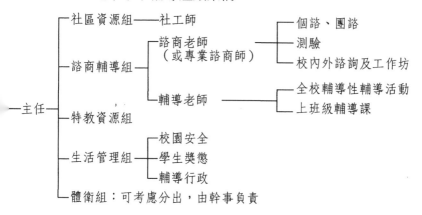

2.相關之說明：

(1)說明一

①此處主任之職掌為掌理全校生活、特教、輔諮與社工四部門之行政工作。現況為：由修過 40 個輔導學分以上者擔任，未來可加入擔任輔導老師三年之經歷，任課時數每週

為 4～6 小時。

②諮商老師（以輔導諮商相關碩士任之，或稱專業諮商師）之職掌為負責全校之個案處理（可包括學生、教師及家長）、小團體諮商（包括對導師、家長所推動之工作坊）測驗，以及與社工師、導師等聯合所做的校內外諮詢與聯絡工作，不須上課，其考評標準另訂。

③輔導老師（以師院輔導組或大學輔導相關系畢業為原則）其職責為上班級的團體輔導課（一週18～X小時為原則）並協同（12 班應增聘一位輔導老師，以法令明訂之）其輔導同事，負責學校的輔導與宣導事宜。

(2)說明二：此處之「社區資源組」與碩士階級之「諮商師」均為因應今日社會「變動」與「心理衛生」需求日增而思之對策。在三、五年內，現況尚無法一蹴可幾之際，參照此構念而調整。重點是：**輔導與諮商，必須有專業訓練與能力內容上之區分；並且在學校輔導中，必須加入「社區─家庭聯繫」功能部分之組織與負責人員。**

如果以圖形來表示二十一世紀學生輔導的新觀念則如下：

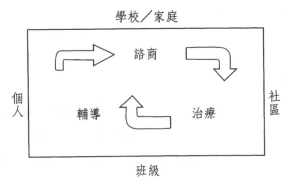

也就是說：

(1)老師的主體在對班級及學校，其最大責任是發現特殊困難問題的學生，聯結適當之轉介並維持班級動力的健康性。

(2)輔導老師的主體是班級、導師及諮商師，其工作原則是預防性輔導概念之推廣。

(3)諮商老師的主體是老師轉介過來之學生，以測驗、個諮與團諮來協助當事人發展與成長，以及聯絡社工員、轉介困難家庭至社區單位。

(4)社工師（員）之角色則為家庭──學校──社區之橋樑，須熟悉家族治療、危機仲裁等策略之運用。

二、遊戲治療與國小輔導

㈠遊戲治療在臺灣的現況

遊戲治療在美國雖然自 1960 年代以後已逐漸由私人執掌的治療，推廣而進入小學的校園（Alexander, 1964; Landreth, 1972），而成為小學輔導預防性策略中重要的一環。但在臺灣，則直到民國　年之後，才陸續有李湘屏（民 75）、葉貞屏（民 83）、蔡麗芳民 84）、何長珠（民 86）等遊戲治療領域之工作者，開始倡導以戲治療介入國小輔導之作法。另外，自民國 80 年以來，由於翻譯著作（高淑貞，民 83；何長珠，民 87；劉焜輝，民 88）以及論文何長珠，民 84；陸雅青，民 84；葉貞屏，民 84；孫尤利，民 86；渭堂，民 88）的紛紛出現，加上 921 大地震後對兒童、青少年心復健的強烈需求（謝明崑，民 88，未出版），遂使遊戲治療終於

在理論上能夠被接納為是一種主要的、有效的輔導策略。

　　但是，環顧國內目前整體應用的情況可能還是不太樂觀。以美珠、王麗文、田秀蘭、王文秀和林幸台於民國88年發表的〈國輔導師資培育模式之研究：輔導工作現況與困境之訪談研究報告一文中所舉之資料為例，在全省北、中、南、東立意抽樣的四所小中，只有一所學校的輔導工作具有遊戲治療的理念與實施（如立遊戲室等）。

　　其實，如果就全省來看，聽過遊戲治療名稱的小學輔導工作應是不少，但窺知全貌並且又能如實實施的，比例恐怕是非常之少

　　就以作者居住之彰化縣市為例，本人自民國85年以來，已與地教育局合作，連續推出過兩期（每期16週，一週上課帶實務三時，共48小時）的國小遊戲治療工作坊，受訓人數，約為40人但至今為止，能於回校後推動並繼續以遊戲治療之方式推行輔導尚不足10人（調查資料顯示）。奇怪的是，大多數參與者又都能定這種方式對兒童輔導之效用，並且也承認會用在班級或自己的子身上，其中原因何在呢？

　　原因就在於前文所指陳的國小輔導上之困境（無正式法令規專業工作實施、輔導教師常為兼職、無在職進修及晉升管道、校的不重視以致輔導經費嚴重缺乏等，不一而足）。這也是何以要花費大幅篇幅說明國小輔導專業化之必要性之來由。

㈡遊戲治療對國小輔導之適切性

　　遊戲治療為什麼必須落實在國小輔導中呢？理由包括如下幾

　1.它是切合兒童發展特徵的輔導策略

　　雖然廣義的遊戲治療可包括至成人階段（如沙箱治療）

通常定義的遊戲治療，仍以 4～12 歲為最常見之範圍。就好比兒童的身材和胃口，使我們須為其準備「兒童裝」與「兒童餐」一般，何以兒童的語言、思考發展均未臻成熟，我們卻以成人專用的談話式諮商來輔導兒童呢？Alxine（1947）所謂的「遊戲是兒童的語言」，有幾位國小輔導的工作者能體會並做到呢？因為 921 災後復健而結緣的員林靜修國小的丘主任（已從事輔導十幾年）告訴我：「自從用了遊戲治療，小朋友都變得很喜歡來輔導室，要瞭解他們有哪些問題，也比以前容易多了！」信哉其言！

2. 處理感受最適當的引發媒介是非語言媒材

當事人通常都是有著某種程度的情緒困擾，才會需要輔導幫忙的。此時如果只有語言的媒介，效果一定不大。這是因為一方面，在使用語言時，人們往往必須經由意識運作的過程來操作，而此時，當事人已經習慣的思考性防衛機轉，不論其為「合理化」、「否定」抑或「投射」，都只會造成雙方（協助者與受輔者）在「語言治療」上的你來我往，耗時且未必能突破，而對兒童而言，這種「抗拒」的型式則為更簡單——就是乾脆「不說話」或「不知道」。相形之下，非語言的媒材，不論是一個布偶熊和個案對話，或是畫出「心情天氣」，都可以使對方其他溝通感官的通道與媒介打開，更快的建立彼此之間的同盟關係。

3. 人在遇到挫折時，會因焦慮或無助而出現「退化」現象。語言是功能的一種表現方式，在挫折時也會自然減低其功能。因此，此時以「純語言」的方式來進行溝通，是非常不切合當

　　事人的狀態與需要，兒童更是如此！

4.改變之歷程，或稱為「轉化」，常自情意狀態中發出（如覺得
　事情不再那麼悲觀，對自己開始有信心，領悟出問題的因果
　線索等，見 Russ, 1996）。此種歷程或狀態，用言語表達極不
　容易，但用遊戲治療之媒材，則往往不言可喻。如作者之一
　位性強暴個案（小二）在前五次的晤談中都只出現明朗（黃、
　紅）、重複（屋、人、小花、綠草）的畫畫題材；直到第六
　次，才一轉而成為「大雨、烏雲、閃電包圍下的一位小女
　孩」，只要有過這類輔導經驗的工作者，應該都能瞭解這位
　個案內在的轉折如何吧！

六、遊戲治療如何介入國小輔導

　　遊戲治療既是對國小輔導如此適切，那麼在作法上，又有哪些
請求呢？本文作者根據過去十年來研究、發表、教學與推廣所累積
之經驗，試提出如下幾點建議：

1.對全校而言，可設置大型的沙坑（亦可由跳遠、跳高沙坑取
　代），並經常添換新沙。因為自發展與治療的觀點來看，親
　近大地的質材，如土、沙、水，都自然具有放鬆緊張的效果，
　對兒童而言，是再適合不過的。另外，在輔導室門口或一、
　二、三年級的教室走廊上，則可設置大型畫板牆，並常具備
　紙、筆，以供學生自由揮灑、創作。

2.對班級而言，可利用輔導活動課之時間，進行全班性（以六人
　為一小組）的遊戲團體活動。例如：部編本小學三下的第五

課「家」，便可請學生自帶畫具，畫出「我家晚上最常做的事」（包括全家人在內）或「一家人的肖像」。從而自事後的資料分析中，來瞭解學生們的「家庭動力狀況」與「個人在家中角色之自我知覺」。這一類的資料，並可經由「投射性繪畫治療」的工作坊，來分享給導師、輔導老師，以充實其專業知能。

3.對輔導老師或諮商員而言，只要個人接受過適當訓練（見附二），再加上一個設備齊全的遊戲室（見附錄三），就可以把小學輔導做得更有聲有色了。而對個別遊戲治療而言，可運用到的策略，舉其犖犖大者，即可包括：

(1)兒童中心學派：特別適合初期關係之建立或處理內向、退縮的孩子。其主要功能在以「跟隨式之同理」，建立起當事人之內在掌控感。

(2)心理分析學派：實際運用於觀察當事人問題之主要心理癥結，像是「依附」、「發展」或「控制」等動力上之需要等，並以「澄清」或「解說」之方式，引發當事人新結構（主、客關係）之建立。

(3)認知行為學派（包括阿德勒學派）：以「重新架構」（reframe）與「問題解決焦點」（Problem solving focused）為主要策略，作法上採「平等」、「尊重」、「友善」、「主動」等技巧。依作者之觀察，本學派最符合臺灣諮商輔導工作者及既有之訓練模式，故亦最易入門。何況，文獻研究顯示（Freedman and Russ, 1983, 1992），此種「頓悟導向」之模式，最能有效處理憂鬱與焦慮有關之兒童心理問題。

其他如心理動力學派，艾力克森隱喻說故事學派（何長珠，民 87）更是洋洋灑灑各擅勝場，此處不再多述。唯一須指出的是：*遊戲治療之研究，在國外已由傳統的兒童中心或心理分析學派，走向心理動力當道*（Turna and Russ, 1993），國內則仍有以兒童中心為主之趨向（葉貞屏，民 87；魏渭堂，民 88），何以如此，值得加以瞭解。

至於團體遊戲治療部分，其所處理的部分不脫兒童問題的基本範疇，即內在之衝突（如自我概念、焦慮、尿床等）與對外之衝突（如人際關係、不良行為等）（葉貞屏，民 84）；但不適用於強烈手足競爭者、極端攻擊性之孩子、性方面過度表露者、母子依附關係極度不良者或自我意像極端不良者，這些都比較適合以個別的方式來處理（Sweeney and Homeyer, 1999）。至於實施之次數，以十次為最低要求（Gumaer, 198? 引自 Sweeney and Homeyer, 1999, p.11），聚會時間與頻率應依照參與者之年齡與問題性質而定。就國小而言，40 分鐘的上課時間，是個一般標準，但對小學一、二年級之個案，最好縮短至 30 分鐘左右之單位。

團體遊戲治療之實施，理論上，也是要經過對效用、治療因素等資料之考量，Ginott（1958）曾為文專門討論大多數人對此模式的疑問並加以說明，分別包括：(1)團體遊戲治療是否能催化治療性關係之建立；(2)團體遊戲治療是否可以引發淨化之效果；(3)團體遊戲治療是否可以增加頓悟之獲得；(4)團體遊戲治療是否提供現實檢核之機會；(5)團體遊戲治療是否開放昇華之管道。有興趣的讀者，可深入查詢（見 Sweeney and Homeyer, 1999, pp.15-23）。

最後，團體遊戲治療可用到的方法，也是非常廣泛的。以 Sweeney 及 Homeyer 所著的《團體遊戲治療》一書為例（何長珠校譯，五南出版），即包括容格、生態系統、完形治療、兒童中心學派、藝術、繪畫、沙箱、布偶等媒材以及性受虐個案、手足糾紛、住院兒童與悲傷兒童及小朋友團體中之團體遊戲治療之作法。

由於二十一世紀是電腦的世紀，這一代的孩子，註定要花很多時間與機器共處；再加上家庭結構之改變，很多家庭走向只有一、兩個孩子的型態，使得孩子學習「與人共處」之機會與能力，都比以往更少。相形之下，在「合群」、「社會興趣」與「社交技巧」上的能力也自然較缺乏，團體遊戲諮商的設計正足以彌補此方面之缺失。而班級中讓老師頭痛的學生，也只有 3 至 5 人的團體型態中才有機會遇到新的「示範」和「仲裁」（intervention）（這部分則較屬於團體遊戲治療）。因此，本文作者強力推薦「**團體遊戲諮商（治療）之模式進入校園（輔導）**」，它不但是一種潮流的趨勢（蕭文，民 88），更是協助處理兒童人際問題變數時「唯一和必然」的選擇！

4. 學校之輔導室宜爭取專案經費，改變輔導室為「遊戲室」之型態，以符合國小輔導之實際。其設置方式，最基本的配備，在個別遊戲治療（諮商）是三至五坪的安靜空間，在團體遊戲治療（諮商）則為七至十二坪（12 至 15 英呎）的空間。至於設備內容，雖然各書介紹略有不同（高淑貞譯，Landreth

著，民 83；何長珠，民 86），但大體不脫如下幾類（附錄
四）：

(1)娃娃家及傢俱、人物、烹飪用具與材料。

(2)繪畫各項設備與材料，如白板、畫牆、畫紙、各式顏料。

(3)勞作材料、各類黏土，及各式棋類遊戲。

(4)大小種類各異的布偶與填充玩具（各約十個），有布偶演
出之舞臺則更理想。

(5)沙箱及其整套設備（一整套玩具，小自五千元，大至五
元，便可配備完成）。

(6)各種樂器音響，包括錄音（影）機及照相機。

(7)攻擊性及冒險性玩具，如射鏢靶、小型沙（拳擊）袋、
劍、繩子、皮球、手銬等。

(8)大小及材料各異之積木。

(9)小棉被、枕頭、搖椅、奶嘴及可容一人躲藏之壁櫥。

至於空間分配，請參考本之介紹及附錄四：彰化市中山國
兒童諮商室。

七、結　論

多年來，學校工作者之間，對問題學生的「生涯」，流行著
句話：低年級「種因」（家庭因素、個人特質造成學習成績落後）
中年級「施肥」（老師及競爭風氣造成的自我概念不佳），高年
「現形」（自我放棄或另求肯定），而在國中後，「開花結果」
雖然，這其實是很複雜的一個現象，畢竟，學校也只是社會單位

一，無法完全處理由家庭、社會所衍生出的問題。但在兒童、青少年漫長的成長過程中，學校到底還是主要的正面影響來源。隨著科技化時代的來臨，疏離的人際關係如何與人性中求關係、求肯定之需求融合，恐怕除了「教育」以外，還是沒有其他更好的方法。因此，如何日新又新的改善學校教育之體質，便成為所有關心下一代者之我們所須共同思考、努力和投入之方向。本文之寫作，主要原因在此，而小學輔導之必須進行「輔改」之理由，亦在於此。

附一：本文之諮詢人士

陳碧玲，臺南師院初教系輔導組講師，擔任學生實習工作 13 年及兒童心衛中心諮商員。

丘美都，員林靜修國小輔導主任 8 年，參與 921 地震員林地區國小災後復健。

吳珍梅，彰化聯興國小低年級導師 7 年，彰化師大輔導與諮商博士候選人。

蔡玲玲，彰化市中山國小教務主任，曾任輔導主任 4 年。

附二：

國小輔導教師遊戲治療訓練部分之建議課程：

1. 兒童（青少年）發展心理學，3 學分

2. 兒童（青少年）輔導與諮商，3 學分

3. 兒童（青少年）問題之觀察與診斷，3 學分

4. 遊戲治療──理論與實務，3 學分

5. 遊戲治療──實習與督導，3 學分／6 學時

圖書館出版品預行編目資料

治療 ： 國小輔導實務/何長珠著. -- 三

- 臺北市 ： 五南圖書出版股份有限公司,
)7

公分.

978-986-522-838-5（平裝）

治療 2.心理治療

110008534

1B98

遊戲治療—國小輔導實務

作　　者—何長珠

發 行 人—楊榮川

總 經 理—楊士清

總 編 輯—楊秀麗

副總編輯—王俐文

責任編輯—金明芬

封面設計—王麗娟

出 版 者—五南圖書出版股份有限公司

地　　址：106台北市大安區和平東路二段339號4樓

電　　話：(02)2705-5066　傳　　真：(02)2706-6100

網　　址：https://www.wunan.com.tw

電子郵件：wunan@wunan.com.tw

劃撥帳號：01068953

戶　　名：五南圖書出版股份有限公司

法律顧問　林勝安律師事務所　林勝安律師

出版日期　1999年10月二版一刷

　　　　　2021年 7 月三版一刷

定　　價　新臺幣350元

經典永恆・名著常在

五十週年的獻禮——經典名著文庫

五南，五十年了，半個世紀，人生旅程的一大半，走過來了。

思索著，邁向百年的未來歷程，能為知識界、文化學術界作些什麼？

在速食文化的生態下，有什麼值得讓人雋永品味的？

歷代經典・當今名著，經過時間的洗禮，千錘百鍊，流傳至今，光芒耀人；

不僅使我們能領悟前人的智慧，同時也增深加廣我們思考的深度與視野。

我們決心投入巨資，有計畫的系統梳選，成立「經典名著文庫」，

希望收入古今中外思想性的、充滿睿智與獨見的經典、名著。

這是一項理想性的、永續性的巨大出版工程。

不在意讀者的眾寡，只考慮它的學術價值，力求完整展現先哲思想的軌跡；

為知識界開啟一片智慧之窗，營造一座百花綻放的世界文明公園，

任君遨遊、取菁吸蜜、嘉惠學子！